本书受云南省"万人计划"青年拔尖人才专项
(编号:YNWR-QNBJ-2019-220)资助

中国对外直接投资的国家风险研究

赵德森 ◎ 著

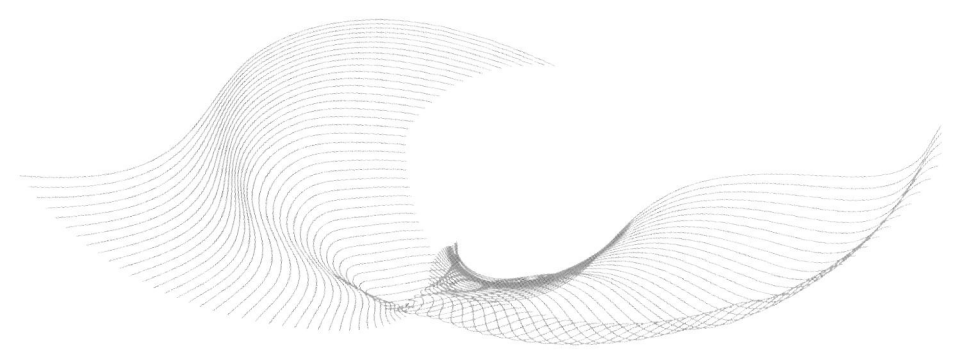

中国社会科学出版社

图书在版编目（CIP）数据

中国对外直接投资的国家风险研究/赵德森著.—北京：中国社会科学出版社，2021.9

ISBN 978-7-5203-8858-0

Ⅰ.①中⋯ Ⅱ.①赵⋯ Ⅲ.①对外投资—直接投资—风险管理—研究—中国 Ⅳ.①F832.6

中国版本图书馆 CIP 数据核字（2021）第 158929 号

出 版 人	赵剑英
策划编辑	赵　威
责任编辑	夏　侠
责任校对	季　静
责任印制	王　超

出　　版	中国社会科学出版社
社　　址	北京鼓楼西大街甲 158 号
邮　　编	100720
网　　址	http://www.csspw.cn
发 行 部	010-84083685
门 市 部	010-84029450
经　　销	新华书店及其他书店
印　　刷	北京君升印刷有限公司
装　　订	廊坊市广阳区广增装订厂
版　　次	2021 年 9 月第 1 版
印　　次	2021 年 9 月第 1 次印刷
开　　本	710×1000　1/16
印　　张	15
插　　页	2
字　　数	202 千字
定　　价	79.00 元

凡购买中国社会科学出版社图书，如有质量问题请与本社营销中心联系调换
电话：010-84083683
版权所有　侵权必究

前　　言

随着"一带一路"倡议的推进,中国企业对外直接投资(OFDI)活动越发普遍化和多元化。联合国贸易和发展会议(UNCTAD)发布的2017年度《世界投资报告》显示,中国已成为全球仅次于美国的第二大投资国,2016年度的对外直接投资总量创历史新高,达到创纪录的1830亿美元。随着OFDI的快速增长,中国海外投资项目也越来越频繁地遭遇到各种投资风险。中国全球投资追踪数据库(CGIT)统计显示,近十多年来,中国企业OFDI失败的项目金额总计已超过2459亿美元。导致中国OFDI失败或损失的风险诱因很多,其中一个重要的原因是没有准确识别和有效应对东道国国家风险。

从理论视角看,许多传统的理论将国家风险等同于主权信用风险或政治风险,这虽然是从国家层面分析东道国国家风险,但是其概念内涵过小,无法涵盖影响OFDI国家层面的全面风险因素。从实践视角看,国际上诸多知名主权风险评级机构会定期或不定期地发布国家风险评级结果,对各国投资者有着广泛的影响力。但是,这些机构的测度模型除了偏重主权风险以外,往往面对的是全球投资者尤其是间接投资者,不能准确地反映跨国企业真实的投资经营环境,更没有揭示中国企业OFDI的"中国特征",即中国与东道国双边关系这一重要的国家层面因素。虽然也有研究开始尝试将东道国对华关系纳入对外直接投资的风险中来,但由于指标、样本或方法等方面的局限，仍然对中国 OFDI 的东道国国家风险形成机理及其影响作用解释乏力。

针对以上问题，本书重点开展了以下三个方面的研究：一是在理论分析与文献综述的基础上，对中国企业 OFDI 的东道国国家风险因素进行了识别。把东道国国家层面可能给中国投资项目带来不确定性影响的因素，包括政治、经济、社会以及东道国对华关系因素，都纳入中国 OFDI 国家风险测度模型。从母国、东道国和跨国企业三个层面分析了中国 OFDI 东道国国家风险的成因及其形成机理。二是构建了一个包含 4 个一级指标和 40 个二级指标在内的中国 OFDI 国家风险测度模型，并以全球 104 个国家 2003 年至 2015 年的动态面板数据为样本对中国 OFDI 的国家风险进行了测度和分析，利用 BP 神经网络构建中国 OFDI 国家风险预警模型并对代表性样本国家的国家风险进行了预测。三是根据测算的国家风险及其 4 个子风险面板数据和 2003 年至 2015 年中国对 104 个国家的直接投资数据，实证检验了国家风险对中国 OFDI 的影响，并采用面板门槛模型进行了进一步的讨论。最后，从国家和企业两个层面提出了中国 OFDI 国家风险的应对策略。

研究的主要发现：（1）从指标权重的赋值结果可以看出，对华风险和政治风险对东道国国家风险测度指标的贡献相对较大，是构成中国 OFDI 国家风险的重要因素。（2）东道国国家风险的区域分布不均衡，国家风险从大到小依次是非洲、亚洲、南美洲、北美洲、欧洲、大洋洲，中国对非洲、亚洲直接投资的国家风险相对突出。（3）东道国国家风险水平与国家发展水平呈负相关的关系，低收入国家的风险水平总体高于高收入国家。（4）实证结果表明，东道国政治风险对中国 OFDI 的影响效果最为显著，社会风险的影响并不显著。（5）东道国国家风险对中国 OFDI 的影响存在基于城镇水平、金融发展水平、人力资本水平的门槛效应。东道国国家风险对中国 OFDI 的影响是一个基于城镇化水平的非线性关系，随着城镇化水平的提高，国家风险将会阻碍中国的对外直接投资。随着金融发展水平的不断提高，国家风险对中国 OFDI 的影响作用不断加强。而随着人力资本的不断上涨，国家风险对中国 OFDI 的影响作用不断下降。

研究的创新之处：（1）基于中国 OFDI 东道国国家风险的成因分析，将东道国对华风险纳入中国 OFDI 国家风险分析框架，识别了东道国国家风险因素，构建了中国 OFDI 国家风险评估指标体系。（2）根据东道国国家风险形成机理，构建了中国 OFDI 国家风险测度模型和预警模型，并对样本国家的国家风险进行了量化测度和风险预警。（3）构建了面板门槛模型，揭示了国家风险对中国 OFDI 的影响机制，发现其中存在着基于城镇水平、金融发展水平、人力资本水平的门槛效应。

目　　录

第一章　绪论……………………………………………………（1）
　第一节　研究背景与意义……………………………………（1）
　第二节　研究问题与核心概念界定…………………………（4）
　第三节　研究内容与方法……………………………………（9）
　第四节　研究思路与框架……………………………………（12）
　第五节　研究的创新之处……………………………………（13）

第二章　对外直接投资与国家风险理论综述…………………（16）
　第一节　对外直接投资理论的演进…………………………（16）
　第二节　国家风险理论………………………………………（23）
　第三节　中国对外直接投资的东道国风险…………………（34）
　第四节　文献述评……………………………………………（38）

第三章　中国对外直接投资国家风险识别与机理分析………（42）
　第一节　中国对外直接投资经验事实与风险表征…………（42）
　第二节　中国对外直接投资国家风险识别…………………（58）
　第三节　中国对外直接投资国家风险成因与机理…………（79）
　第四节　本章小结……………………………………………（87）

第四章　中国对外直接投资国家风险测度模型构建 …………（88）
第一节　测度模型的设计 ……………………………（88）
第二节　指标体系的选取 ……………………………（90）
第三节　指标赋权方法…………………………………（101）
第四节　本章小结………………………………………（104）

第五章　中国对外直接投资国家风险测度与预警…………（105）
第一节　数据收集和处理………………………………（105）
第二节　子风险测度……………………………………（110）
第三节　国家风险测度…………………………………（119）
第四节　中国对外直接投资国家风险综合分析………（123）
第五节　中国对外直接投资国家风险预警……………（130）
第六节　本章小结………………………………………（134）

第六章　国家风险影响中国对外直接投资的实证研究………（136）
第一节　研究变量………………………………………（136）
第二节　实证分析………………………………………（142）
第三节　面板门槛模型分析……………………………（152）
第四节　本章小结………………………………………（167）

第七章　中国对外直接投资国家风险的应对………………（169）
第一节　国家层面………………………………………（169）
第二节　企业层面………………………………………（174）
第三节　本章小结………………………………………（176）

第八章　总结与展望…………………………………………（177）
第一节　总结……………………………………………（177）
第二节　展望……………………………………………（179）

附录　国家风险及其子风险测度结果 …………………………（181）

参考文献 ……………………………………………………（216）

后　记 ………………………………………………………（229）

第一章

绪　　论

第一节　研究背景与意义

一　研究背景

2013年起,在"一带一路"倡议的引领下,中国逐步形成了全方位开放的战略格局。随着中国"一带一路"倡议的推进,中国企业对外直接投资（Outward Foreign Direct Investment,下文简称为OFDI）活动越发普遍化和多元化。近年来,中国企业对外直接投资进入了高速发展时期,中国已经成为全球最大的投资来源国之一。联合国贸易和发展会议（UNCTAD）发布的2017年度《世界投资报告》显示,中国已成为全球仅次于美国的第二大投资国,2016年度的对外直接投资不仅总量创历史新高,达到创纪录的1830亿美元,而且增长势头迅猛,比2015年度的1280亿美元增长了44%。[1] 随着"一带一路"倡议和国际产能合作的深入推进,中国OFDI还会保持在较高水平。

不断推动中国企业加大对外直接投资活动,不仅是解决中国"产能过剩"问题、促进中国产业结构优化升级的重要途径,而且对于驱动全球经济快速健康增长具有重要意义。从中国视角看,中国企业自身存在着对外直接投资的内在需求。通常,跨国企业进行

---

[1] 联合国贸易和发展会议,《世界投资报告2017》。

对外直接投资活动的基本动因有四个：资源寻求、市场寻求、技术寻求、贸易壁垒规避。自2009年起，中国钢铁、水泥等多个行业出现了产能过剩的问题，需要通过国际市场消耗过剩的产能。随着宏观经济的快速增长，中国对矿产、原材料、石油等资源和能源的需求量也面临着越来越大的缺口。因此，如何更好地利用国内、国际两种资源，开拓好国内、国际两个市场，就成为中国企业必须面对的重要课题。

随着OFDI活动的快速增长，中国海外投资项目也越来越频繁地遭遇了各种投资风险。中国全球投资追踪数据库统计显示，最近十多年来，中国企业OFDI失败的项目金额总计高达2459亿美元，在这些项目中，能源和资源类投资、金融类投资、交通设施类投资以及高新技术类投资遭遇失败的情况比较严重。[①] 这些项目遭遇风险的一个重要原因，就是跨国企业没有采取有效措施准确识别并管控国家层面的风险因素。中国企业海外投资目的地国家或地区的投资环境具有高复杂性、高模糊性、高不确定性的特征，部分国家的政局稳定性、与中国关系的复杂性、政治格局、文化差异、经济情况及社会动态均是影响中国OFDI项目的风险因素。此外，全球经济增长乏力、地缘政治风险和政策的不确定性等国家宏观因素也对国际OFDI产生了重要影响。

中国OFDI面临着日益复杂化、多元化的投资环境，东道国国家风险因素对中国OFDI活动的影响日益突出。在政治方面，当前及未来一段时期，全球政治、经济和安全格局进入深度调整时期，世界安全形势复杂多变，大国博弈此消彼长，地缘政治冲突日益频繁，恐怖主义、极端主义活动此起彼伏，一些国家和地区政局动荡，社会安全形势依然严峻，政治和非传统风险对中国OFDI的影响越来越明显。在经济方面，世界经济复苏乏力，各国经济发展的

---

① 中国全球投资追踪数据库，http://www.aei.org/china-global-investment-tracker/。

不确定性依然突出，经济增长驱动力不足，科技创新转化为实际生产力的程度和范围仍然相对有限，全球经济发展的结构性与均衡性问题依然突出，各国均不同程度地面临着经济结构调整转型的挑战，经济增长压力巨大。

因此，鉴于中国 OFDI 快速增长的态势和日益重要的影响，研究中国 OFDI 东道国国家风险防控问题，不仅是进一步促进中国 OFDI 的现实需要，而且对于进一步引导中国企业做好 OFDI 风险管理具有重要意义。在对 OFDI 国家风险机理分析的基础上，构建更加符合中国 OFDI 实际的东道国国家风险测度模型，并对东道国的国家风险进行定量测度和预警。在此基础上，对国家风险影响中国 OFDI 的机制进行实证检验。进而，从国家和企业双层视角出发，提出了中国 OFDI 国家风险应对策略，为相关部门有效应对 OFDI 东道国国家风险提供新思路。

二 研究意义

随着对外开放的不断深入发展，中国已经成为仅次于美国的全球第二大 OFDI 来源国。随之而来的是，中国 OFDI 面临越来越多的风险，导致投资活动失败或项目终止。因此，中国 OFDI 在经历高速增长的同时，需要将关注重点从 OFDI 增长数量更多地转移到发展质量上来，需要准确把握和有效治理 OFDI 国家风险。本书从宏观视角出发，研究中国 OFDI 东道国国家风险测度模型及其应对策略，这不仅能够进一步丰富和拓展发展中国家 OFDI 理论，而且可以为促进中国 OFDI 风险治理提供决策参考。

（一）理论意义

第一，进一步丰富发展中国家 OFDI 研究。从东道国国家风险的视角研究中国 OFDI 风险管理问题。关于 OFDI 的研究，多倾向于研究投资现状、投资动因、影响因素、区位选择等方面，而针对风险管理尤其是国家风险的研究相对较少。本书以中国这个发展中国家最大的 OFDI 来源国为例，研究中国 OFDI 国家风险，可以进一步丰富和扩展发展中国家 OFDI 研究的相关理论。

第二，进一步完善中国 OFDI 国家风险测度模型。在借鉴现有国家风险和主权风险方法的基础上，构建了中国 OFDI 的国家风险测度模型。该模型包括政治风险、经济风险、社会风险和对华风险4 个一级指标，40 个二级指标。其主要特色有两点：一是重点针对中国企业真实的对外直接投资活动，二是将东道国国家对华关系风险纳入测度模型，反映了母国与东道国双边关系对中国企业 OFDI 活动的影响。

（二）现实意义

第一，有助于提升中国 OFDI 发展质量。随着对外直接投资总量的迅猛发展，中国 OFDI 需要更多地注重投资质量的提升。东道国国家风险是影响中国 OFDI 质量的一个重要因素。本书不仅有助于应对中国企业 OFDI 风险，而且可以有效提升中国对外直接投资质量和绩效。

第二，为中国 OFDI 风险管理提供新思路。本书不仅对中国 OFDI 国家风险进行了全面识别和定量测度，而且实证检验了东道国的国家风险及其四个子风险对中国 OFDI 的影响。从实践的角度看，这为中国 OFDI 东道国国家风险预警和风险应对提供了可操作性的判定依据。因此，本书的研究有助于为中国 OFDI 东道国国家风险治理提供决策参考。

第二节 研究问题与核心概念界定

一 研究问题

本书研究中国 OFDI 国家层面的宏观风险因素，而不是企业层面的微观风险因素。即从宏观层面出发，准确把握世界各国的东道国的国家风险及其对中国 OFDI 的影响。具体地说，有三个研究问题。

(1) 中国 OFDI 作为发展中国家 OFDI 的代表，与传统发达国家 OFDI 有诸多不同特征。中国 OFDI 受东道国国家风险影响的关键因素、敏感性差异、影响程度与其他国家的 OFDI 并不完全一致，必然会体现出东道国国家的"中国因素"和"中国特征"，即会受到东道国对华关系的影响。基于中国 OFDI 这一特定主体的东道国国家风险，既具有对所有外商直接投资影响的普遍性，又有对中国 OFDI 影响的特定性。中国 OFDI 国家风险，不但要体现东道国国家的政治风险、经济风险和社会风险等风险因素，而且要体现出对华关系风险因素。因此，本书研究的第一个关键问题就是，如何基于对华关系的视角识别出东道国国家风险因素？这些风险因素影响中国 OFDI 的机理是怎样的？

(2) 在识别中国 OFDI 国家风险的基础上，我们需要对东道国国家风险进行有效的测度，构建中国 OFDI 国家风险测度模型。中国 OFDI 国家风险测度既要体现出理论分析的指导性，也要考虑测度指标的可得性。因此，本书研究的第二个关键问题就是如何构建包括对华风险的、可操作的中国 OFDI 国家风险测度模型，如何对中国 OFDI 东道国国家风险进行动态测度。

(3) 借鉴已有的国家风险测度模型，我们可以对中国 OFDI 国家风险进行定量的测度。据此，我们可以计算出东道国国家历年的国家风险指数以及各子指标风险的风险指数。另外，风险测度的一个重要目标就是进行风险预警和风险应对。因此，本书研究的第三个关键问题就是，东道国国家风险与中国 OFDI 具有何种关系，中国 OFDI 对国家风险的敏感性如何，在对中国 OFDI 国家风险进行有效分析的基础上，如何对其进行应对和治理。

二 核心概念界定

(一) 对外直接投资

对外直接投资（Outward Foreign Direct Investment，简称为 OF-

DI），一般是指母国跨国企业为取得在东道国企业的有效控制权而输出资本、设备、技术和管理等无形资产的经济活动。按跨国企业进入东道国市场的方式，对外直接投资可以划分为新建和收购两种基本类型。前者是指跨国企业在东道国依据东道国相关法律建立新公司，又称"绿地投资"（Greenfield Investment）；后者是指通过一定的渠道收购东道国企业的部分甚至全部股权以实现参与或控制该企业经营管理的行为，又称"跨国并购"（Cross-border Mergers Acquisitions）。本书所指的中国对外直接投资（OFDI）与上述定义基本一致，具体数据按照中国国家统计局、中国商务部的统计口径，由 EPS DATA 整理。根据《2016年度中国对外直接投资统计公报》对于 OFDI 企业的界定，中国境内跨国企业直接拥有或者控股10%及以上投票权或者其他等价利益的境外企业都属于对外投资企业统计的范畴。由于中国对外直接投资活动受到多种因素的影响，为了更好地聚焦东道国国家风险，本书不考虑世界经济形势和母国因素的影响。

（二）国家风险

国家风险是与主权风险高度相关的一个概念。通常，国家风险是指由于国家的主权行为对相关国家及其企业所引发的造成损失的可能性。传统的观点认为国家风险由东道国的国家主权行为所引起，与国家经济、社会等环境变动有关。主权风险有时指国家风险，有时指国家的中央政府风险。因此，主权风险有时可以等同于国家风险，有时又小于国家风险。目前，占主流地位的观点认为，国家风险的涉及面更宽，涵盖主权风险。有学者认为，国家风险包括主权风险、转移风险和债务人集体风险。[1]

经济学人集团（EIU）认为，国家风险是对主权债务风险、流

---

[1] Stijn Claessens, Embrechts G C M W. Basel II, "Sovereign Ratings and Transfer Risk External versus Internal Ratings", *Ssrn Electronic Journal*, 2003.

动性风险和银行部门风险的综合度量。Nagy认为，国家风险是指那些跨边界贷款中由某个特定国家而非企业或个人所引起损失的风险。[①] 麦德拉姆（Meldrum）认为，国家风险是指企业对外投资经营时所遭遇的那些国内没有的"额外风险"，其主要因素是由包括东道国与母国在经济发展、政策体系、政治制度、社会环境等领域的差异所引发的。[②] 国家风险分析试图识别这些导致跨国投资预期利润率下降的潜在风险。Bouchet等认为，国家风险的起因有两个基本的来源：其一是东道国政府对于跨国企业经营活动的不当干预，如干扰企业正常的商业活动、故意变更合同条款、征用跨国企业资产；其二是东道国国家层面的环境动荡对企业经营活动的影响。[③] 对于国家风险，全球著名的国家风险评级机构标准普尔（Standard & Poor's）、穆迪（Moody's）通过对一国的公共部门和私人部门的偿债意愿和能力进行评估，作为国家主权评级的依据。

综合各种定义，本书将国家风险定义为：中国跨国企业在东道国的直接投资由于东道国国家层面的宏观因素变化而面临的遭受损失的不确定性。这一定义包含三个核心要点：其一是风险范围，主要是指东道国国家层面的不确定性，这种不确定性源于东道国自身及其与他国尤其是与中国的互动关系，但是不包含作为投资母国的中国自身的国家风险因素。其二是风险后果，中国跨国企业直接投资遭受损失的可能性，这既包括给企业带来的不利后果，诸如企业利润下降、无法实现目标、财产和人员损失，也包括使企业进入可能遭受损失的不确定性环境。其三是风险因素，主要是指国家宏观

[①] Nagy P. J., "Quantifying Country Risk: A System Developed by Economists at the Bank of Montreal", *Columbia Journal of World Business*, Vol. 13, 1978, pp. 135 – 146.

[②] Meldrum D. H., "Country Risk and a Quick Look at Latin America: How to Analyze Exchange Risk, Economic Policy Risk and Institutional Risk", *Business Economics*, Vol. 34, No. 3, 1999, pp. 30 – 37.

[③] Bouchet M. H., Clark E., Groslambert B., "Country Risk Assessment: A Guide to Global Investment Strategy", *International Industrial Marketing*, Vol. 10, No. 2, 2003, pp. 120 – 125.

层面环境的变化，诸如政治环境、经济环境、社会环境以及东道国与中国关系等因素，这些因素一旦发生变化都将会或者可能给中国跨国企业带来损失。显然，本书所指的中国 OFDI 国家风险基本涵盖了东道国国家层面的因素，归纳起来至少应当包括东道国国家的政治风险、经济风险、社会风险以及对华风险四个主要维度。

风险的评估与测度是风险管理的核心环节之一。传统的风险事件法认为，风险的量化有三个关键要素：损失、损失的严重性以及损失发生的可能性。[1] 也有研究认为，风险是发生会导致企业盈利或损失事件的可能性。[2] 而国家风险，则是国家层面因素带来的风险集合。[3] 因此，采用风险事件法研究某一风险事件发生的可能性、损失的可能性及其大小，已经不能全面体现各个维度的风险因素，也不便于将多个维度的国家风险信息进行比较。[4] 通常，在对 OFDI 国家风险的研究中，往往是对国家层面的风险因素进行识别与量化评估。[5] 与之相同的是，国际知名的风险评级机构也通常构建指标体系对一国国家层面的不确定性进行量化评估，[6] 采用的评估方法也大多为综合评价法、层次分析等各种参数或非参数方法。[7] 借鉴

---

[1] Yates J. F., Stone E. R., *Risk-taking behavior*, Chichester: Wiley, 1992, pp. 1 – 25.

[2] Root F. R., "The Expropriation Experience of American Companies: What Happened to 38 Companies", *Business Horizons*, Vol. 11, No. 2, 1968, pp. 69 – 74.

[3] Nagy P. J., *Country Risk: How to Assess, Quantify and Monitor it*, London: Euromoney Publications, 1979; Damodaran A., "Country Risk: Determinants, Measures and Implications – The 2015 Edition", *Social Science Electronic Publishing*, 2015.

[4] 王稳、张阳、石腾超等：《国家风险分析框架重塑与评级研究》，《国际金融研究》2017 年第 10 期。

[5] 周伟、陈昭、吴先明：《中国在"一带一路"OFDI 的国家风险研究：基于 39 个沿线东道国的量化评价》，《世界经济研究》2017 年第 8 期；余官胜：《东道国经济风险与我国企业对外直接投资二元增长区位选择——基于面板数据门槛效应模型的研究》，《中央财经大学学报》2017 年第 6 期。

[6] Nath H. K., "Country Risk Analysis: A Survey of the Quantitative Methods", Working Papers, 2009, pp. 69 – 94.

[7] Oral M., Kettani O., Cosset J. C., et al., "An Estimation Model for Country Risk Rating", *International Journal of Forecasting*, Vol. 8, No. 4, 1992, pp. 583 – 593.

这些方法，本书对中国 OFDI 国家风险的研究也将对东道国国家层面的不确定性因素构建指标体系，进而进行量化测度。

第三节 研究内容与方法

一 研究内容

中国 OFDI 的国家风险是指中国跨国企业对东道国进行直接投资所面临的国家层面环境因素的变化而对投资项目带来损失的不确定性。本书认为，中国 OFDI 的东道国国家风险应当包括四个方面：政治风险、经济风险、社会风险和对华风险。本书识别和分析了中国 OFDI 的国家风险，进而构建了中国 OFDI 的国家风险测度模型，并以此对东道国的国家风险进行了测度。采用 2003 年至 2015 年中国对全球 104 个国家 OFDI 的面板数据实证检验了国家风险对中国 OFDI 的影响。在此基础上，提出了中国 OFDI 国家风险的应对措施。具体章节安排如下。

第一章，绪论。本章主要是介绍本书的研究背景，研究的主要问题，研究的主要意义；对外直接投资和国家风险两个核心概念的界定；研究的主要内容和研究方法；研究思路和研究框架；本研究可能的创新点。

第二章，理论基础与文献回顾。本章的主要内容包括三个方面：一是对 OFDI 理论的演进进行了梳理。经典的 OFDI 理论主要是在发达国家对外直接投资的基础上发展而来的，对发展中国家 OFDI 活动解释乏力。系统梳理了发展中国家 OFDI 的相关理论。并对中国 OFDI 研究的现有文献进行了归纳。二是针对国家风险理论进行了梳理，重点对国家风险概念的演进、国家风险的构成以及测度方法进行梳理。三是针对中国 OFDI 风险进行了梳理。重点对中国 OFDI 风险识别、风险测度、风险影响和风险应对进行了归纳。通过文献综述可以发现，目前关于中国 OFDI 风险管理研究的文献很多，但是多聚焦在投资的动因、区位选择、进入模式等方面，尚未完全揭示中国OFDI东道国国家风险的准确内涵及其影响机制，还需进一步对国家风险进行有效的测度。

第三章，中国对外直接投资国家风险识别与机理分析。此章内容首先较为全面地揭示了中国OFDI的经验事实及其风险表征，分别从总量和结构的视角对中国OFDI活动的特征进行了深入剖析，对其遭遇的风险因素进行了梳理。进而把中国OFDI国家风险识别为政治风险、经济风险、社会风险和对华风险四个方面。在此基础上，从母国、东道国和跨国公司三个层面分析了中国OFDI国家风险形成的机理。

第四章，中国对外直接投资的国家风险测度模型构建。借鉴国际通行的国家风险评级方法，构建了更为全面的、能够反映中国OFDI特色的国家风险测度模型。该模型包括政治风险、经济风险、社会风险和对华风险4个一级指标，包括政治局势、经济增长、社会环境、对华政治关系等共计40个二级指标。综合因子分析法和动态熵值法，采用一种二阶段动态赋值法，以更好地对测度指标体系进行赋值。

第五章，中国对外直接投资国家风险测度与预警。全面收集了测度模型40个二级指标的全球104个国家2003年至2015年的面板数据。这些数据来源于不同的数据库，既有主观的定性指标，也有客观的定量指标。对全部数据进行了定量转化和标准化处理并把所有数据统一为正向指标。分别针对四类一级指标，运用因子分析法确定了其所属的二级指标的权重，运用动态熵值法确定了四类一级指标的权重。据此，定量测度了104个国家从2003年至2015年历年的国家风险值及四个一级指标风险值，并结合真实投资活动对各国的风险进行了比较分析。在此基础上，确定了国家风险等级划分临界值，对全球各国的国家风险水平进行了比较分析。在此基础上，利用BP神经网络模型构建了中国

OFDI 国家风险预警模型，并对代表性样本国家的国家风险进行了预测。

第六章，国家风险影响中国对外直接投资的实证研究。利用第五章所计算得出的风险数据和 2003 年至 2015 年中国对全球 104 个国家直接投资的存量面板数据，实证检验了国家风险及其四个子风险与中国 OFDI 活动的关系。并深入分析了国家风险影响中国 OFDI 的门槛效应。

第七章，中国对外直接投资国家风险的应对。结合中国 OFDI 国家风险的测度结果及其对中国 OFDI 的影响机制，从国家层面和企业层面两个层次出发，提出了中国 OFDI 国家风险的应对策略，希望能够为国家有关部门及跨国企业管控 OFDI 风险提供新的决策参考。

第八章，总结与展望。主要是对理论分析和实证研究的基本结论进行总结、梳理和归纳，对本书可能的创新点进行了梳理。在此基础上，对存在的不足和未来可能的研究方向进行了展望。

二 研究方法

（1）比较分析法。基于比较的视角，将目前国家风险（主权信用）各种测度的方法进行了比较分析，将不同区域、不同风险水平的东道国风险因素进行了比较分析，将中国 OFDI 的政治风险、经济风险、社会风险和对华风险进行了对比分析。

（2）因子分析法和熵值法。因子分析法和熵值法均是相对客观的指标权重赋值方法，为了更加有效地构建中国 OFDI 国家风险测度模型，对上述两种方法进行综合和改进，形成了一个综合的中国 OFDI 国家风险指标体系二阶段赋值方法。采用因子分析法来确定二级风险评价指标的权重，运用熵值法来确定一级指标的权重。

（3）BP 神经网络模型。BP 神经网络模型适用于非线性数据的预测。采用 BP 神经网络模型方法构建中国 OFDI 国家风险预警模型,对样本国家的国家风险发展趋势进行动态预测。

(4) 回归分析法。研究四种风险对中国对外直接投资影响时,采用了普通最小二乘法(OLS),固定效应模型(FEM),随机效应模型(REM),考虑异方差和截面相关的固定效应模型(fe_scc),考虑异方差、截面相关和序列相关的固定效应模型(fe_scc_lag1)进行估计。同时,采用 Hansen 面板门槛模型对国家风险基于城镇化水平、金融发展水平、人力资本水平对中国对外直接投资影响进行估计。

第四节 研究思路与框架

一 研究思路

首先,通过理论分析和调查研究,识别和分析中国 OFDI 东道国国家层面的风险因素及其影响机理。在借鉴已有风险测度模型的基础上,构建一个更加全面并对中国 OFDI 有针对性的国家风险测度模型,涵盖了政治风险、经济风险、社会风险 3 个共性风险一级指标,对华风险 1 个特色一级指标和 40 个二级指标,并利用一种二阶段的动态赋值方法对指标体系进行赋值。以此模型为基础,采用 40 个指标的 2003 年至 2015 年统计数据对全球 104 个国家连续 13 年的国家风险及其四个子风险进行量化测度,并确定风险等级和预警临界值进行风险预警。进而,实证检验东道国国家风险与中国 OFDI 的关系。最后,根据理论和实证分析结果,提出中国 OFDI 国家风险的应对策略。

二 研究框架

本书的研究技术路线图如图 1—1 所示。

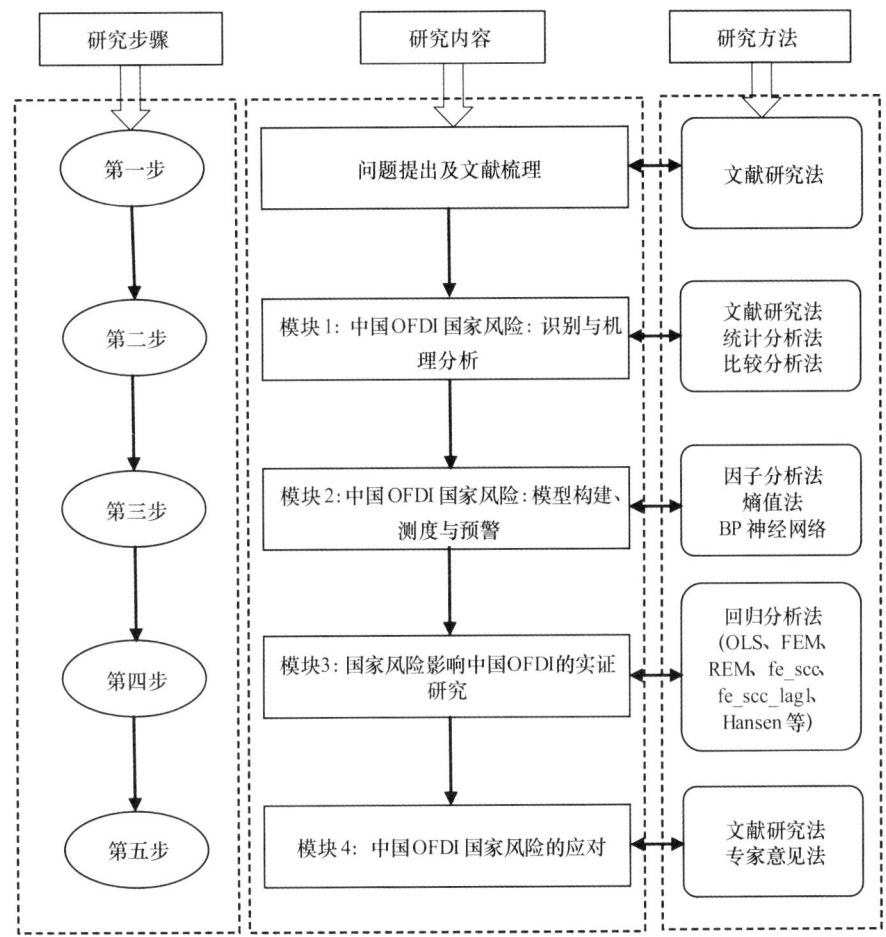

图1—1 技术路线图

第五节 研究的创新之处

一 构建中国OFDI国家风险指标体系

基于中国OFDI东道国国家风险的成因分析，将东道国对华风险纳入中国OFDI国家风险分析框架，识别了东道国国家风险因素，构建了中国OFDI国家风险指标体系。与传统的国家风险或主权风险不同，本书认为国家风险不仅包括政府信用和政府干预，而且包括了国家层面一切影响跨国投资的因素。根据中国OFDI的实际情况，对国家风险概念的内涵进行了进一步的丰富和拓展，将国家风险界定为中国跨国企业由于东道国国家层面的宏观因素变化而面临的遭受损失的可能性。另外，研究中国企业 OFDI 国家风险问题，必然要体现出东道国国家环境的"中国因素"和"中国特征"，也即需要考虑中国与东道国双边关系因素对中国 OFDI 的影响。因此，结合中国企业 OFDI 的真实活动，将东道国国家层面的不确定性因素识别为政治风险（PR）、经济风险（ER）、社会风险（SR）以及对华风险（RR）四个维度，将东道国对华双边关系纳入国家风险分析框架。这进一步拓展了国家风险理论的内涵，可以更加有效地反映和揭示中国 OFDI 国家风险的水平。

二 构建中国 OFDI 国家风险测度模型和预警模型

根据东道国国家风险形成机理，构建了中国 OFDI 国家风险测度模型和预警模型，并对样本国家的国家风险进行了量化测度和风险预警。该模型在测度指标体系和指标权重两个方面均进行了创新，进一步提高了该模型对现实问题的针对性、科学性和解释力。在测度指标方面，综合考虑理论分析的全面性和测度数据的可得性，构建了一个包括 4 个一级指标和 40 个二级指标在内的指标体系，较为全面地涵盖了政治风险、经济风险、社会风险和对华风险等主要的国家风险因素。其突出特色在于不仅将东道国国家对华关系作为重要的评价指标纳入国家风险测度模型中来，还采用政治关系、经济关系、人文关系等 6 个定量指标对东道国对华关系风险进行了更加科学的反映和有效的刻画。该模型指标体系的选取是定性与定量、理论分析和统计分析相结合的结果。在理论研究的基础上，对每一大类风险的二级指标进行了因子分析，试图最大限度地增强评价指标的科学性和解释力。在指标权重的确定方面，本书综合因子分析法和熵值法提出了一种二阶段的动态赋值法。对于二级指标采用因子分析法确定权重，进而计算出该国当年的一级指标风险值；对于一级指标采用熵值法确定权重。采用2003年至2015年的面板数据对全球104个国家的国家风险指数进行了定量测度。进而，根据风险临界值对各国的国家风险等级进行了划分。在此基础上，利用BP神经网络模型构建了中国OFDI国家风险预警模型，并对代表性样本国家的国家风险进行了预测。

三 揭示国家风险对中国OFDI的影响机制

构建了面板门槛模型，揭示了国家风险对中国OFDI的影响机制，发现其中存在着基于城镇水平、金融发展水平、人力资本水平的门槛效应。采用由40个风险指标计算而来的4个子风险指数和国家风险指数以及2003年至2015年中国对全球104个国家OFDI面板数据，实证检验了国家风险及其4个子风险对中国OFDI的影响机制。虽然目前已有一些文献研究了国家风险或者政治风险对中国OFDI的影响，但是其风险因素多是直接采用某一个直接的统计指标或者风险报告的指标作为代理变量，其对国家风险的解释力相对有限，因而研究的结果缺乏足够的说服力。与之不同的是，本书模型自变量的数据来源均是根据构建的国家风险测度模型计算而来的。国家风险的四个子风险，即政治风险、经济风险、社会风险和对华风险，均是由大约10个二级指标从不同角度进行刻画，并采用因子分析法来客观地提取其关键因子。因而这些风险因素具有更强的解释力和科学性，其对中国OFDI影响的分析也就更加符合真实的投资情况。另外，还运用面板门槛模型对国家风险影响中国OFDI的机制进行了进一步的分析和讨论，这为我们更加深入地分析国家风险的影响作用，提出更加具有针对性和可行性的治理对策提供了可操作性的理论依据。

第二章

对外直接投资与国家风险理论综述

第一节 对外直接投资理论的演进

一 经典的对外直接投资理论

自 20 世纪 50 年代起，国家直接投资理论开始迅速发展起来。陆续出现了垄断优势理论、产品生命周期理论[1]、投资过程论、国际生产折中理论和边际产业扩张理论等具有广泛影响的国际投资理论。这些理论都是以发达国家作为对外直接投资的资本输出方为研究对象的，其理论的核心聚焦在 OFDI 的动因、区位选择和进入模式三大方面。

（1）国际生产折中理论。国际著名的经济学教授 Dunning 在 1977 年提出了国际生产折中理论（The Eelectic Theory of International Production，简称 OLI 模式），该理论逐渐发展成为经典的 OFDI 理论，又被称为国际生产综合理论。[2] 1981 年，又进一步完善了这一理论，其核心就是 OLI 模式，跨国企业进行 OFDI 活动需要同时

---

[1] Vernon R., "International Investment and International Trade in the Product Cycle", *The Quarterly Journal of Economics*, Vol. 80, No. 2, 1966, pp. 190–207.

[2] Dunning J. H., *Trade, Location of Economic Activity and the MNE: A Search for A Eclectic Approach*, London: Palgrave Macmillan, 1977, pp. 395–418.

具备三大基本要素：其一是所有权优势（即 Ownership）、其二是区位优势（即 Location）、其三是市场内部化优势（即 Internalization）。除此之外，跨国企业根据这一理论还可以选择国际经营的方式。OLI 理论综合了国际主流的 OFDI 理论，是从微观视角静态分析跨国企业 OFDI 活动的有效工具。

（2）企业特定优势论。企业特定优势论是由 Hymer 的垄断优势理论、Dunning 的国际生产折中理论（OLI）等发展而来，其核心思想认为跨国企业 OFDI 的动因是具备相对于东道国企业的比较优势。[1] 这样跨国企业就可以利用其先进的管理和技术能力等特定优势来应对 OFDI 由于制度差异、文化差异、地理距离等因素导致的"外来者劣势"。[2] 根据跨国企业 OFDI 动因的不同，又可以把跨国企业 OFDI 分为市场寻求型、效率寻求型和资源寻求型（包括自然资源寻求型、战略资产寻求型 OFDI）三种基本的对外投资类型。[3] 联合国贸易和发展会议（UNCTAD）在《世界投资报告》中，将跨国企业对外直接投资的动因归纳为四个方面：资源获取、市场扩展、效率寻求和获取战略性资产，这与上述分类高度一致。

（3）投资过程论。该理论的核心认为跨国企业的 OFDI 是一个渐进的经验学习过程。[4] 为了克服对外投资的外来者劣势，跨国企业需要采用渐进的"干中学"方式来发展自身能力和积累东道国知识。除了时间上的渐进学习，在选择投资区位方面也需要经历由近及远的渐进过程。在选择进入模式方面，跨国企业同样遵循渐进原

---

[1] Hymer S. H., *The International Operations of National Firms: A Study of Direct Foreign Investment*, Cambridge, MA: The MIT Press, 1976.

[2] Buckley P. and Casson M., *The Future of the Multinational Enterprise.*, London: Macmillan, 1976.

[3] Dunning J. H. and Lundan S. M., *Multinational Enterprises and the Global Economy*, 2nd Revised Edition, Chehenham: Edward Elgar Publishing, 2008.

[4] Autio E. Creative Tension, "The Significance of Ben Oviatt's and Patricia McDougall's Article 'Toward a Theory of International New Ventures'", *Journal of International Business Studies*, Vol. 36, No. 1, 2005, pp. 9 – 19.

则,逐渐加大投资风险和资源承诺。[1]

二 发展中国家对外直接投资理论

作为发展中国家,中国从20世纪90年代起开始大力开展"走出去"战略,积极开拓国际市场。中国企业的OFDI不仅面向发达国家,而且面向广大的发展中国家,同时具备"顺梯度"和"逆梯度"两种方向的对外投资活动。当前传统的国际直接投资理论对发达国家投资活动研究较为充分,但针对发展中国家的直接投资活动的研究还尚未深入。目前,发展中国家的跨国企业在国际投资中扮演着日益重要的角色。对于发展中国家跨国企业的OFDI动因、区位选择和进入模式的研究也正逐渐成为学术研究的热点。[2]

(1) 关于发展中国家OFDI动因。Wells的小规模技术理论认为,发展中国家对邻近国家进行直接投资的动因是寻求原材料、劳动力和市场。[3] Teece认为发展中国家进行对外直接投资活动的主要动因就是为了获取补偿性资源。[4] 发展中国家开展对外直接投资的根本动因在于提升本国的竞争优势,这就需要将本国的工业化战略和对外直接投资活动结合起来。Lecraw发现,发展中国家对发达国家直接投资是为了获取技术和管理经验,对发展中国家直接投资是为了获得市场。[5] 杨杰和祝波认为,发展中国家对外直接投资的动因是投资诱发要素组合理论,发展中国家通过对外直接投资向外转

---

[1] Johanson J., Vahlne J. E., "The Internationalization Process of the Firm—A Model of Knowledge Development and Increasing Foreign Market Commitments", *Journal of International Business Studies*, Vol. 8, No. 1, 1977, pp. 23 – 32.

[2] Lu J., Liu X., Wang H., "Motives for Outward FDI of Chinese Private Firms: Firm Resources, Industry Dynamics, and Government Policies", *Management & Organization Review*, Vol. 7, No. 2, 2011, pp. 223 – 248.

[3] Wells L. T., *Third World Multinationals*, Cambridge, MA: The MIT Press, 1983.

[4] Teece D. J., "Transactions Cost Economics and the Multinational Enterprise An Assessment", *Journal of Economic Behavior & Organization*, Vol. 7, No. 1, 1986, pp. 21 – 45.

[5] Lecraw D. J., "Outward Direct Investment by Indonesian Firms: Motivation and Effects", *Journal of International Business Studies*, Vol. 24, No. 3, 1993, pp. 589 – 600.

移具有相对优势的技术优势,或者获取相对弱势的要素。[①] Deng 认为中国对外直接投资的动因同样是为了获取发展中国家的战略性资源,或者获得发达国家的先进技术和管理经验。[②]

(2) 关于发展中国家 OFDI 优势。根据动态比较优势理论,发展中国家跨国企业的对外直接投资优势来源于母国特定优势。这些理论认为,母国特定优势结合适当的对外直接投资模式,可以推动发展中国家对周边相似的国家或者更加落后的发展中国家进行直接投资。对此,小规模技术理论、技术地方化理论可以进行合理的解释。前一个理论认为,虽然发展中国家没有具备发达国家那样的绝对优势,但是仍然可以利用其相对的比较优势,为东道国的小规模市场、本民族团体和周边市场提供特定产品。[③] 而技术地方化理论的本质就是对国外技术进行本土化的再创新,即发展中国家的企业可以对发达国家的技术进行引进、吸收和再创新,进而实现适应发展中需求的相对比较优势。

显然,发展中国家 OFDI 的东道国既有发展中国家,也有大量的发达国家。发展中国家为何能对发达国家进行直接投资呢?对此,英国学者 Tolentino 和 Cantwell 的技术创新产业升级理论可以进行解释。该理论认为,发展中经济体 OFDI 的产业分布和地理分布是随着国内经济发展和技术的积累而逐步升级的动态过程,即由传统自然资源产业向高技术产业升级,由周边国家向其他发展中国家和发达国家迈进。[④]

[①] 杨杰、祝波:《发展中国家对外直接投资理论的形成与演进》,《上海经济研究》2007 年第 9 期。

[②] Deng P., "Outward Investment by Chinese MNCs: Motivations and Implications", *Business Horizons*, Vol. 47, No. 3, 2004, pp. 8 – 16.

[③] Wells L. T., *Third World Multinationals*, Cambridge, MA: The MIT Press, 1983.

[④] Cantwell J., Tolentino P. E., "Technological Accumulation and Third World Multinationals", *Discussion Paper in International Investment and Business Studies*, Vol. 139, 1990, pp. 1 – 58.

三　中国对外直接投资相关研究

中国作为世界上最大的发展中国家，是对外直接投资的资本输出方，而作为中国 OFDI 目的地的东道国国家（包括发达国家和发展中国家）。相对于以往的研究，国家风险来源地不仅仅只是发展中国家。关于中国 OFDI 的研究主要围绕以下几个方面。

（1）中国 OFDI 的动因研究。中国企业为什么要进行 OFDI 活动，其对外直接投资的动因是什么？目前，中国对外直接投资的企业数量众多，但这些企业的公司规模、所属行业、资源和人才储备、技术和营销能力及管理水平都有着巨大差异。上述差异也决定了这些企业进行对外直接投资的动因和驱动力有着显著不同。目前，中国企业在海外直接投资大致有三种类型：学习型、资源型、市场型。一是学习型的对外直接投资，主要投向发达国家，通过学习经验和技术来增强母公司自身的竞争能力；二是资源型的对外直接投资，以寻求自然资源或者战略性资产为目的；三是市场型的对外直接投资，其主要目的是规避贸易壁垒，降低生产成本，为国内产品寻求更大的国际市场。Buckley 等认为中国企业的投资动机主要有市场寻求型、资源寻求型和战略资产型三种类型。[1] Cheung 和 Qian 的研究表明中国企业 OFDI 的动因主要在于寻求市场和自然资源，这些企业更青睐那些有着更大市场规模、人力资本价格低而自然资源却相对丰裕的东道国。[2] Lu 等 2011 年利用问卷调查数据，研究企业资源、行业变革和政府政策对中国私营企业 OFDI 动机的影响。研究发现，中国政府鼓励性的对外投资政策是民营企业 OFDI 的重要动因，而企业的技术竞争优势会强化战略资产寻求的动机，母国的行业竞争程

---

[1] Buckley P. J., Clegg L. J., Cross A. R., et al., "The Determinants of Chinese Outward Foreign Direct Investment", *Journal of International Business Studies*, Vol. 38, No. 4, 2007, pp. 499–518.

[2] Cheung Y. W., Qian X., "Empirics of China's Outward Direct Investment", *Pacific Economic Review*, Vol. 14, No. 3, 2009, pp. 312–341.

度会增强市场寻求的动机。① 王胜和田涛的研究也发现,规避贸易壁垒、开拓新兴市场是中国企业对经济发达国家进行 OFDI 的主要动因。② 不同性质的企业 OFDI 存在明显差异,从投资目标来看,国有企业是为了实现政府战略目标,而民营企业则是为了追求市场和利润。从投资行业来看,国有企业主要投资能源类行业,民营企业主要投资劳动密集型行业。Ramasamy 等利用 2006—2008 年中国上市公司的数据也得出了类似的结论,研究发现国有企业更加偏好自然资源丰富和高政治风险环境的东道国,而民营企业则更加关注市场寻求。③ 吴先明和黄春桃将中国企业 OFDI 活动划分为逆向投资(对发达国家)和顺向投资(对发展中国家),对这两类投资的国际化动因进行比较发现,市场寻求和自然资源寻求动因都同样强烈。④

(2)中国 OFDI 的进入模式。OFDI 进入模式是指中国跨国企业进入海外市场的方式,根据海外子公司建立模式可划分为新建或并购两种方式,根据子公司的所有权形式又可划分为合资或独资两种类型。从进入模式来看,中国企业海外资源获取型投资项目多采取并购和合资的方式,而制造加工型的投资项目多采取新建和独资方式。Cui 和 Jiang 利用 2000—2006 年中国跨国企业 132 条投资数据,实证检验了制度压力下国家所有权对中国公司进入模式的影响,选择合资的进入模式会更加有利。⑤

---

① Lu J., Liu X., Wang H., "Motives for Outward FDI of Chinese Private Firms: Firm Resources, Industry Dynamics, and Government Policies", *Management & Organization Review*, Vol. 7, No. 2, 2011, pp. 223 – 248.

② 王胜、田涛:《中国对外直接投资区位选择的影响因素研究——基于国别差异的视角》,《世界经济研究》2013 年第 12 期。

③ Ramasamy B., Yeung M., Laforet S., "China's Outward Foreign Direct Investment: Location Choice and Firm Ownership", *Journal of World Business*, Vol. 47, No. 1, 2012, pp. 17 – 25.

④ 吴先明、黄春桃:《中国企业对外直接投资的动因:逆向投资与顺向投资的比较研究》,《中国工业经济》2016 年第 1 期。

⑤ Cui L., Jiang F., "State Ownership Effect on Firms' FDI Ownership Decisions under Institutional Pressure: A Study of Chinese Outward-investing Firms", *Journal of International Business Studies*, Vol. 43, No. 3, 2012, pp. 264 – 284.

(3) 中国 OFDI 的区位分布。区位选择指的是中国跨国企业的投资流向或投资国家的选择。张瑞良把制度距离分为管制性和规范性两种，研究发现两种制度距离对中国企业 OFDI 区位选择有负向影响。[1] Morck 等指出，中国早期的 OFDI 大多是由国有企业投资的，主要偏向于"避税天堂"和东南亚国家。[2] 中国超过 80% 的对外直接投资分布在经济落后、投资环境较差的非洲、东南亚等区域的发展中国家。Mathews 提出，发展中国家跨国企业利用互联（Linkage）、杠杆化（Leverage）和学习（Learning）的 3L 模式，获取战略性资产，嵌入全球价值链的高端环节。[3] Luo 和 Tung 的跳板理论指出，新兴国家的跨国企业利用对发达国家的 OFDI 作为跳板，即可以通过学习效应获得经验和技术上的战略性资产，也可以规避母国的制度约束和市场制约。[4] 因此，中国的跨国企业进行对外直接投资时，开始主要集中在美国、加拿大等与中国在文化距离和地理距离较大的发达国家。

(4) 中国 OFDI 的影响因素。中国 OFDI 传统的影响因素主要有自然资源、技术水平、市场规模等。制度质量、双边投资协定对跨国企业 OFDI 有着重要影响。公司税率也是影响企业跨国经营的重要因素。[5] 东道国自身的市场规模、政策自由度以及文化差异等因素均与中国 OFDI 流量有着显著的正相关关系。Kolstad 和 Wiig 的研究表明，中国对外投资企业倾向更多考虑东道国的制度环境和自

---

[1] 张瑞良:《中国对"一带一路"沿线国家 OFDI 区位选择研究——基于制度距离视角》，《山西财经大学学报》2018 年第 3 期。

[2] Morck R., Yeung B., Zhao M., "Perspectives on China's Outward Foreign Direct Investment", *Journal of International Business Studies*, Vol. 39, No. 3, 2008, pp. 337 – 350.

[3] Mathews J. A., "Dragon Multinationals: New Players in 21st Century Globalization", *Asia Pacific Journal of Management*, Vol. 23, No. 1, 2006, pp. 5 – 27.

[4] Luo Y., Tung R. L., "International Expansion of Emerging Market Enterprises: A Springboard Perspective", *Journal of International Business Studies*, Vol. 38, No. 4, 2007, pp. 481 – 498.

[5] Becker S. O., Egger P. H., Merlo V., "How Low Business Tax Rates Attract MNE Activity: Municipality-level Evidence from Germany", *Journal of Public Economics*, Vol. 96, No. 9 – 10, 2012, pp. 698 – 711.

然资源条件，在制度环境不尽如人意的情况下，自然资源的丰饶将成为对外商直接投资的更大吸引力。① Peng 发现，中国跨国企业开展 OFDI 不仅受到东道国政府的影响，同时也与母国政府的政策紧密相关。中国政府的一系列投资政策会对中国跨国企业产生积极和消极的各种影响。中国企业为了在国内市场享受政府给予外商的优惠措施，往往会前往开曼群岛等"避税天堂"注册公司，再以外商的身份重返本国市场开展经营活动。② 阎大颖采用微观层面的企业数据研究表明，东道国的市场潜力、劳动力、自然资源、战略资产、经济制度质量、服务业水平、通信基础设施和对外商资本的开放程度等均可对中国企业的对外投资形成重要影响。③ 王永钦等以中国 2002—2011 年的 842 笔 OFDI 活动研究发现，东道国经济制度、税率和自然资源是影响中国企业 OFDI 区位选择的重要因素。④ 吴先明和黄春桃发现，在顺向投资情境下，文化距离会显著负向影响市场寻求型投资，但在逆向投资情境下，文化距离则对战略资产寻求型投资有显著的正向影响。⑤

第二节 国家风险理论

一 国家风险概念的演进

风险是指某项活动遭受损失的可能性。风险管理一般包括风险

---

① Kolstad I., Wiig A., "What Determines Chinese Outward FDI?", *Journal of World Business*, Vol. 47, No. 1, 2012, pp. 26 – 34.

② Peng M. W., "The Global Strategy of Emerging Multinationals from China", *Global Strategy Journal*, Vol. 2, No. 2, 2012, pp. 97 – 107.

③ 阎大颖：《中国企业对外直接投资的区位选择及其决定因素》，《国际贸易问题》2013 年第 7 期。

④ 王永钦、杜巨澜、王凯：《中国对外直接投资区位选择的决定因素：制度、税负和资源禀赋》，《经济研究》2014 年第 12 期。

⑤ 吴先明、黄春桃：《中国企业对外直接投资的动因：逆向投资与顺向投资的比较研究》，《中国工业经济》2016 年第 1 期。

识别、风险评价、风险应对并采取一定的技术和经济手段尽量扩大风险事件的有利结果，减轻甚至消除风险事件的不利影响，以达到最小的成本投入获得最大的安全保障目标。

国家风险（Country Risk）的概念与主权风险密切相关。国家风险最初仅仅是指银行海外信贷风险，20世纪50年代，当一个主权国家的国际银行在开展跨境业务时，面临着另一个主权国家或企业可能的偿债风险就称为国家风险。从这一角度看，国家风险也被称为主权风险。事实上，在过去的半个多世纪中，西方学者对国家风险的研究正是从国际金融逐步扩散到跨国投资、服务贸易等各个领域。在跨国投资中，人们同样非常关注东道国社会政治环境可能引发的不利于外国企业和公民的主权风险。Fiess研究发现，国家风险的大小会显著影响国际资本的流动，国家风险增长会使得资本流动性降低。[①] Nagy则认为国家风险指的是那些可能会导致跨国信贷出现损失的不确定性，这种损失并不是由企业或个体层面的活动引发的，而是由东道国所发生的特定事件导致的。[②] Meldrum对国家风险的内涵进行了进一步扩展，认为国家风险不仅仅是国际债务风险，当发生跨国交易活动时所面临的国内不曾有过的风险都是国家风险。[③] 曹荣湘则认为国家风险是指在国际资本流动过程中，因受国家层面的某种事件影响而使得债务国不能或不愿履行还款协议，进而造成债权人经济损失的不确定性。[④]

随着国际贸易与投资活动的发展，国家风险的概念已超出主权

[①] Fiess N. M., "Capital Flows, Country Risk, and Contagion", *Policy Research Working Paper*, 2003.

[②] Nagy P. J., "Quantifying Country Risk: A System Developed by Economists at the Bank of Montreal", *Columbia Journal of World Business*, Vol. 13, 1978, pp. 135 – 146.

[③] Meldrum D. H., "Country Risk and a Quick Look at Latin America: How to Analyze Exchange Risk, Economic Policy Risk and Institutional Risk", *Business Economics*, Vol. 34, No. 3, 1999, pp. 30 – 37.

[④] 曹荣湘：《国家风险与主权评级：全球资本市场的评估与准入》，《经济社会体制比较》2003年第5期。

风险的范畴。Claessens 和 Enbrechts 认为，主权风险是一个国家政府未能履行其债务所导致的风险。通常，主权风险（Sovereign Risk）是指主权国家偿还贷款的风险，这包括主权国家政府自身的还贷风险和国家干预所造成的风险。前者指的是主权国家政府不愿偿付导致其不能履行债务而引发的风险。[1] 由于政府本身就是最终担保人，因此主权风险往往没有其他外来的有效担保。[2] 后者以标准普尔（Standard & Poor's）对主权风险的定义为代表，认为主权风险是指主权国家的政府以直接的或者间接的方式干涉债务人的偿债意愿或者能力而导致债权人发生损失的风险。也有观点认为，主权风险是由国家干预投资者经营活动所造成的风险。穆迪（Moody's Investor Services）认为，国家风险可以通过主权评级来衡量，其中主权评级评估的是一个国家的公共部门和私人部门的偿债能力，其并不针对一个国家政府的信用价值进行直接评估。[3] Carthy 认为主权风险主要体现在三个方面：第一，偿付意愿是主权风险的关键部分。对私人企业而言，债务违约主要是因为偿还能力问题导致偿债困难。但对一国政府而言，偿债能力通常不是问题，偿债意愿是关键要素。主权政府可能会因为某些政治事件或政治考量而拒绝偿债，最终导致违约。第二，如果是一国主权政府不能履约，债权人很有可能完全得不到补偿，或者只能获取非常有限的法律意义上的赔偿。第三，一国主权政府的债务通常是缺乏有效担保的，因为主权政府本身就是通常意义上的最终担保人。[4]

某些学者会把国家风险等同于政治风险，认为是指由于东道国

---

[1] Cantor R., Packer F., "Determinants and Impact of Sovereign Credit Ratings", *Economic Policy Review*, Vol. 2, No. Oct, 1996, pp. 37–53.

[2] Flandreau M., Gaillard N., Packer F., "To Err is Human: US Rating Agencies and the Interwar Foreign Government Debt Crisis", *Social Science Electronic Publishing*, Vol. 15, No. 3, 2011, pp. 495–538.

[3] Moody's Investor Services, https://www.moodys.com/zh-cn.

[4] Juttner J. D., Mccarthy J., *Modelling a Ratings Crisis*, 1998.

国内政治环境及其与他国的政治关系改变而给外国投资者造成经济损失的可能性。国家风险意味着东道国政治、社会、经济、法律和文化等环境对跨国投资活动带来的潜在不利影响，例如，政局动荡风险、局部战争风险、政党更替风险、经济波动风险、金融稳定风险以及投资障碍风险等主要风险。

从实践的层面看，许多国家、国际组织和风险评级机构都从不同视角对国家风险进行了界定。国家风险指南（International Country Risk Guide，ICRG）、穆迪投资者服务公司（Moody's Investor Services）、标准普尔等世界著名的国家风险评级机构所测度和认定的国家风险，均包含了所有跨国信贷和投资可能面临的损失和风险。中国的《中央企业全面风险管理》把中央企业面临的风险划分为战略、市场、运营、财务法律等风险类型，这些都属于企业层面的风险因素。① 此外，信息风险、信用风险、作业风险、会计风险等都是跨国企业在经营管理过程中的常见风险。国家风险分析旨在识别可能减少投资收益的潜在风险。瑞士银行家协会的《国家风险管理指南》认为，国家风险源于国别政治和经济形势变化而导致的外国风险暴露价值的变化。② 而国际清算银行（BIS）在《巴塞尔有效银行监管的核心原则》中认为，国家风险是由于对他国的一个实体（政府、公共或私人机构）进行放贷（以本币而非外币）而产生的一个国家内的损失暴露。③

二　国家风险的构成

国家风险按照不同的视角可以划分为许多类型。从风险的影响范围看，国家风险可分为系统风险和特定风险。前者是指因东道国环境的

---

① 国务院国有资产监督管理委员会：《中央企业全面风险管理指引》，《经济管理文摘》2006年第15期，第42—46页。
② 瑞士银行家协会，《国家风险管理指南》。
③ 国际清算银行，《巴塞尔有效银行监管的核心原则》。

变化对所有外国投资者均会产生的不利影响；而后者仅对某些特定的行业、特定国家的投资或特定的企业产生不利的影响。从风险的影响方式看，国家风险可以分为直接的国家风险和间接的国家风险。前者是指国家作为国际投资交易的一方，通过其自身的违约行为或直接干预造成的风险；而后者是指国家虽然不直接参与具体的交易活动，但是通过调整政策和法规给其国内投资者造成的风险。

王海军认为，国家风险是由社会政治风险、经济风险和自然风险三个维度构成。[①] 国家风险包括来自经济结构、政策、社会政治制度、地理位置和货币等各方面的风险（见图2—1）。经济合作与发展组织（OECD）对国家风险进行了较为全面的界定，认为国家风险应当包括五个基本要素：一是由债务人所在政府发出的停止付款命令，二是贷款被禁止转移或者延迟转移，三是资金不能或者不足以兑换成等值的国际货币，四是外国政府其他的禁止还款措施，五是不可抗拒力。[②]

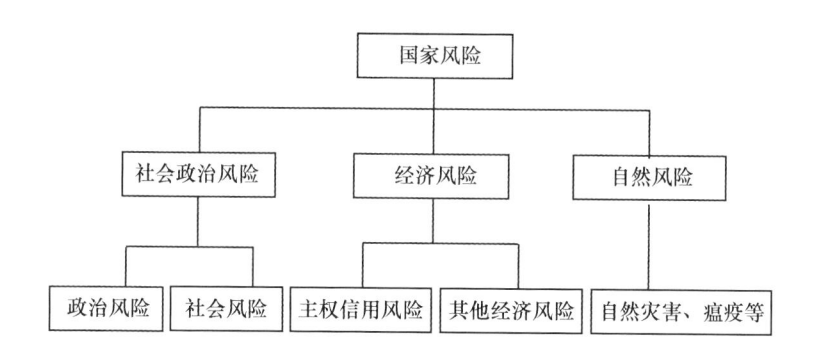

图2—1 国家风险的构成

资料来源：王海军：《中国企业对外直接投资的国家经济风险》，中国经济出版社2014年版。

[①] 王海军：《中国企业对外直接投资的国家经济风险》，中国经济出版社2014年版，第149页。

[②] Credits E., "Arrangement on Officially Supported Export Credits", *Oecd Papers*, 2004.

社会政治风险，包括对外国企业商业活动所有可能产生价值损失的行为或因素，是指来自东道国社会的包括文化、社会习俗、政治制度等因素对企业盈利或其他经营目标所产生的潜在不利影响。社会政治风险还可以进一步细分为社会风险、政府决策风险和政治风险。常见的社会政治风险主要包括国有化风险、战争风险、政府干预风险、工会组织的罢工活动等。风险来源可能涉及东道国的社会组织团体、政治团体组织及政府职能机构，它们的特定活动都有可能对跨国企业从事跨国商业活动产生不利影响甚至造成较大资产损失。在政治风险中，政府干预表现为阻止或改变商业合同，甚至采取没收全部或部分外国企业财产的行为。Robock认为企业跨国经营面临的政治风险有三个基本特征：一是企业跨国经营环境中出现的一些不连续性因素，二是这些不连续性因素通常是无法预料的，三是东道国的政治环境发生变化可能会给外商企业带来损失。[①]

三　国家风险的测度

（一）国家风险测度机构

随着全球化的发展，世界范围内的对外投资和跨国经营活动日益成为一个普遍化的经济现象。跨国公司迫切需要通过可靠、有效的渠道和方式了解东道国的国家风险状况，国家风险或主权评级机构就应运而生。自1860年标准普尔在美国纽约创立以来，经过了一个多世纪的发展，国际市场上形成了几家评级机构垄断的局面。其中，美国的三家信用评级机构标准普尔（Standard & Poor's）、穆迪（Moody's）和惠誉（Fitch）是最为知名的机构，占据了全世界90%以上的评级市场份额。这三家美国评级机构对国家风险测度方法和评价结果，在全世界范围内被各投资者普遍认可和接受。

---

① Robock S. H., "Political Risk: Identification and Assessment", *Columbia Journal of World Business*, Vol. 6, No. 4, 1971, pp. 6–20.

除了这三家之外,世界上还有一些知名的国家风险评级机构。例如,美国 PRS 集团每年会发布《国际国家风险指南》(International Country Risk Guide,ICRG),瑞典北欧斯安银行(SEB Merchant Banking)发布的《国家风险分析》,德国邓白氏(Dun & Bradstreet,D&B)发布的《国家风险报告》,欧洲货币发布的《国家风险调查》。

笔者整理了代表性国家风险测度机构及其测度指标(见表2—1),从表中不难看出,国家风险测度指标通常包括政治、经济、金融等因素,测度的方法大多采用定性与定量结合的方法,而测度的结果也划分为若干个风险等级。

表2—1　　代表性国家风险测度机构及其测度指标

测度机构	测度方法	测度指标	风险等级
标准普尔	定性和定量结合	包括9个指标:遣返风险、货币贬值风险、通胀或恶性通胀、经济衰退或失业率上升、金融系统风险、法律和监管风险、其他主权干涉风险、政治动荡和社会混乱、资产证券化	分为10个等级:AAA、AA、A、BBB、BB、B、CCC、CC、C、D,依次表示风险增大
穆迪	定性和定量结合	包括10个指标:经济增长率、国际贸易收支、国际储备、投资、失业率、利率及汇率的稳定性、通货膨胀水平、财政状况、货币政策、国家政局的稳定性	分为9个等级:Aaa、Aa、A、Baa、Ba、B、Caa、Ca、C,依次表示风险增大
惠誉	定性和定量结合	包括结构特征、宏观经济、公共财政和外部资金四大类,共12个分项指标	分为11个等级:AAA、AA、A、BBB、BB、B、CCC、CC、C、RD、D,依次表示风险增大

续表

测度机构	测度方法	测度指标	风险等级
PRS集团《国际国家风险指南》	权重法	包括政治风险（50%）、金融风险（25%）和经济风险（25%）三大类，共22个分项指标	分为5个等级：风险极高、风险高、风险适中、风险低、风险极低
邓白氏（D&B）《国家风险报告》	定性和定量结合	包括4类：政治风险、商业风险、外部风险、宏观经济风险	分为DB1至DB7共7级，依次表示风险增大
欧洲货币《国家风险调查》	权重法	包括政治风险（30%）、经济表现（30%）、负债指标（7.5%）、债务违约或重组（5%）、获取融资（10%）、折扣福费廷（10%）6类	分值范围0—100，分值越高风险越小

随着中国OFDI活动的日益活跃，国内许多智库和机构也开发了若干国家风险测度模型。例如，中国的大公国际资信评估有限公司（简称"大公"）也是世界知名的主权信用和国家风险评级机构，每年都定期发布世界各国的主权信用评级报告。中国出口信用保险公司（简称"中国信保"）从2005年开始，连续发布《国家风险分析报告》，对世界192个主权国家进行风险评级，对与中国合作关系密切的67个重点国家进行全面深入的分析，并以《全球风险地图》的形式直观明了地展现中国OFDI的全球国家风险态势。[①] 其中，政治风险指标包括政局稳定性、政治干预活动、国际关系与社会环境等指标；经济风险考察一国的宏观经济环境、主权债务情况、财政收支状况、金融体系结构、国际收支和双边经贸等指标；商业环境风险则主要关注一国的基础设施建设、税收体系结构、行政效率和投资开放度和便利性等指标；而法律风险则主要包括法律完备性、执法环境及退出成本等指标。此外，中国社会科学院世界经济与政治研究所从2014年开始发布《中国海外投资国家

---

① 中国出口信用保险公司：《国家风险分析报告》，中国金融出版社2016年版。

风险评级报告》。其报告依据的中国海外投资国家风险评级模型（Country-Risk Rating of Overseas Investment from China，CROIC-IVEP）是由中国社会科学院开发的国家风险评级方法。该模型重点关注对外直接投资，同时兼顾东道国的金融敞口风险。值得一提的是，CROIC-IVEP 为了更好地符合中国自身国情的需要，尝试将东道国对华关系纳入国家风险测度模型中来。[①]

（二）ICRG 国家风险测度模型

在众多的国家风险测度模型中，ICGR 模型是其中最具代表性的测度模型。国家风险指南（International Country Risk Guide，ICRG）的开发者是拥有广泛影响力的智库机构美国政治风险服务集团（The Political Risk Services Group，PRS Group）。PRS 集团从 1980 年开始每月定期发布全世界 140 个国家和地区的《国际国家风险指南》。该模型在理论研究中具有广泛的接收度，尤其是其发布的风险指标测度数据被学术界大量地使用（该模型指标体系见表 2—2）。

表 2—2　　　　　　　　　ICRG 模型指标体系

风险类型	具体指标	分值	含义
政治风险 （PR，共 100 分）	政府稳定性	0—12	分值越大风险越低
	社会经济条件	0—12	分值越大风险越低
	投资便利	0—12	分值越大风险越低
	内部冲突	0—12	分值越大风险越低
	外部冲突	0—12	分值越大风险越低
	腐败控制	0—6	分值越大风险越低
	军事干预政治	0—6	分值越大风险越低
	宗教干预政治	0—6	分值越大风险越低
	法治程度	0—6	分值越大风险越低

① 中国社会科学院世界经济与政治研究所：《中国海外投资国家风险评级报告（2017）》，中国社会科学出版社 2017 年版。

续表

风险类型	具体指标	分值	含义
政治风险 (PR，共100分)	民族矛盾	0—6	分值越大风险越低
	民主问责	0—6	分值越大风险越低
	监管质量	0—4	分值越大风险越低
经济风险 (ER，共50分)	人均GDP	0—5	分值越大风险越低
	实际GDP增长率	0—10	分值越大风险越低
	年均通货膨胀率	0—10	分值越大风险越低
	财政预算余额占GDP的百分比	0—10	分值越大风险越低
	经常账户余额占GDP的百分比	0—15	分值越大风险越低
金融风险 (FR，共50分)	外债占GDP的百分比	0—10	分值越大风险越低
	外债清偿额占出口商品和服务总额的百分比	0—10	分值越大风险越低
	经常账户余额占出口商品和服务总额的百分比	0—15	分值越大风险越低
	政府官方储备资金支付进口的国际清偿能力	0—5	分值越大风险越低
	汇率稳定性	0—10	分值越大风险越低
合计	—	200	分值越大风险越低

资料来源：美国政治风险服务集团（PRS Group），http://www.prsgroup.com/。

ICRG 模型将对外直接投资的各种类型的风险纳入风险测度模型，主要包括政治风险（Political Risk）、经济风险（Economic Risk）和金融风险（Financial Risk）三大类类别，共计 22 个具体指标。从表 2—2 可以看出，该模型比较偏重政治风险（占 100 分），金融风险和经济风险各占 50 分。其中，政治风险涵盖 12 个具体指标，金融风险和经济风险各有 5 个具体指标。ICRG 模型国家风险的计算公式见式（2—1）。

$$\text{Country Risk} = (PR + FR + ER)/2 \quad (2—1)$$

其中，Country Risk 代表国家风险，PR、FR、ER 分别代表政治风险、金融风险和经济风险。

(三) 国家风险测度方法

综合各种国家风险测度模型可以发现，国家风险测度的关键在于指标体系的选取和指标权重的确定。出于不同的测度视角和应用前景，各测度方法选取的指标体系虽不尽相同，但也有较大的相似性。

在测度指标方面，政治风险、经济风险、金融风险、商业风险等是常见的风险因素。例如，ICGR 模型包括政治风险、经济风险和金融风险三大类型。赛博商业银行（SEB Merchant Banking）的《国家风险分析》采用国家风险信息系统（CRIS）五大支柱法（包括弹性、宏观经济平衡、流动性、事件风险、信息）。经济学人智库（EIU）Country Risk Service 的指标体系则包括国家主权风险、国家货币风险、银行风险、国家政治风险、国家经济结构风险以及国家总体风险六大风险类型。中国海外投资国家风险评级（CROIC‑IVEP）则将经济基础、偿债能力、社会弹性、政治风险、对华关系五大指标（共 40 个子指标）纳入了评价体系。中国信保的国家风险测度模型把一个主权国家的国家风险分为政治风险、经济风险、商业环境风险和法律风险四个维度，17 个大类指标。这些指标既有定量指标又有定性指标。

在指标体系权重确定方面，大多数模型采用定性与定量相结合相对较为主观的赋值方法。ICRG 采用的基数评价方法进行打分并确定权重。标准普尔与穆迪则采用序数评价法，即按照各个风险值的大小进行排序，采用定性和定量相结合的方法进行测度。ICRG、EIU 还可以根据需要增大某个因素的权重。对于一级指标的权重，很多模型采用的是简单算术平均的方法确定权重。当然，也有研究采用主成分分析法、层次分析法或熵值法等定量赋值方法。例如，周伟等在对"一带一路"OFDI 的国家风险的评价中，就采用了主成分分析法来确定指标的权重。[1] 方旖旎以 ICRG 和 CROIC‑IVEP

---

[1] 周伟、陈昭、吴先明：《中国在"一带一路"OFDI 的国家风险研究：基于 39 个沿线东道国的量化评价》，《世界经济研究》2017 年第 8 期。

模型为基础，采用算术平均数来确定指标权重。[1]

第三节 中国对外直接投资的东道国风险

一 中国对外直接投资的东道国风险识别

中国OFDI的风险因素通常被识别为政治风险、经济风险、社会文化风险以及双边关系风险等主要的风险类型。

东道国国家的政治风险对中国企业OFDI活动的影响是学术研究的一个重要问题，许多文献研究了政治风险对中国OFDI流量（或存量）、区位选择的影响作用。[2] 制度风险对中国OFDI活动有着重要影响。Kang和Jiang认为中国企业倾向于投资在制度完善、经济自由度高的国家或地区。[3] 然而，也有研究发现中国企业更倾向于投资制度环境较差的国家，[4] 而中国的国有企业对外投资则呈现出明显制度风险偏好。

经济金融风险也是中国OFDI的重要风险源，包括经济增长、通货膨胀、偿债能力、汇率波动等因素。胡兵和李柯采用2003—2010年中国OFDI的面板数据研究发现，东道国的国家经济风险阻碍了中国企业的OFDI活动。[5] 王海军和高明研究发现金融风险比经济风险更加敏感地影响中国OFDI，而且中国企业OFDI对发展中

---

[1] 方旖旎:《"一带一路"战略下中国企业对海外直接投资国的风险评估》,《现代经济探讨》2016年第1期。

[2] Globerman S., Shapiro D., "Governance Infrastructure and US Foreign Direct Investment", *Journal of International Business Studies*, Vol. 34, No. 1, 2003, pp. 19–39.

[3] Kang Y., Jiang F., "FDI Location Choice of Chinese Multinationals in East and Southeast Asia: Traditional Economic Factors and Institutional Perspective", *Journal of World Business*, Vol. 47, No. 1, 2012, pp. 45–53.

[4] Kolstad I., Wiig A., "What Determines Chinese Outward FDI?", *Journal of World Business*, Vol. 47, No. 1, 2012, pp. 26–34.

[5] 胡兵、李柯:《国家经济风险对中国OFDI的影响——以东道国经济发展水平为门槛变量的实证分析》,《广西财经学院学报》2012年第6期。

国家的国家经济风险敏感性更强。[1] 关于东道国汇率风险对于中国OFDI 的影响，现有研究的结论并不一致。一般认为，汇率风险抑制企业对外投资。[2] 与之相反的是，Liu 和 Deseatnicov 等研究发现，汇率风险的增加反而在一定程度上促进中国企业 OFDI。[3] 李平等以 2003—2015 年 174 个国家的数据研究了汇率风险对中国 OFDI 的影响，研究发现东道国的实际波动风险会抑制中国企业 OFDI 投资规模和投资密集度。[4]

在社会文化风险方面，沈铭辉和张中元通过对典型案例的研究发现，中国企业在对外投资的过程中面临着与当地居民的矛盾、恶性事故频发等诸多的社会风险问题。[5] 孟醒和董有德认为，国民的受教育程度、社会的治安情况、经济管制的情况是东道国社会风险的主要因素。[6] 刘希等从孔子学院的视角考察了文化交流对中国 OFDI 的影响，研究发现文化交流有助于弥补由于政治互动不足带来的不利影响，显著减少中国 OFDI 投资风险。[7] 许和连与李丽华认为，两国之间的文化差异是中国 OFDI 的重要风险因素，中国与东道国文化差异越大意味着投资风险也就越大。[8]

---

[1] 王海军、高明：《国家经济风险与中国企业对外直接投资：基于结构效应的实证分析》，《经济体制改革》2012 年第 2 期。

[2] 项本武：《东道国特征与中国对外直接投资的实证研究》，《数量经济技术经济研究》2009 年第 7 期。

[3] Liu H. Y., Deseatnicov I., "Exchange Rate and Chinese Outward FDI", *Applied Economics*, Vol. 48, No. 51, 2017, pp. 1–16.

[4] 李平、初晓、于国才：《中国 OFDI 汇率风险研究：基于预期风险与实际波动风险的视角》，《世界经济研究》2017 年第 12 期。

[5] 沈铭辉、张中元：《中国企业海外投资的企业社会责任——基于案例分析的研究》，《中国社会科学院研究生院学报》2016 年第 2 期。

[6] 孟醒、董有德：《社会政治风险与我国企业对外直接投资的区位选择》，《国际贸易问题》2015 年第 4 期。

[7] 刘希、王永红、吴宋：《政治互动、文化交流与中国 OFDI 区位选择——来自国事访问和孔子学院的证据》，《中国经济问题》2017 年第 4 期。

[8] 许和连、李丽华：《文化差异对中国对外直接投资区位选择的影响分析》，《统计与决策》2011 年第 17 期。

双边关系也被认为是影响中国 OFDI 的重要因素。Blomkvist 和 Drogendijk 研究发现，地理距离和宗教差异两个因素与中国 OFDI 呈负相关，而语言距离与中国 OFDI 则呈现出正相关的关系。[①] 赵明亮通过实证发现，共同语言、政治动荡、反华情绪以及与两国主权的摩擦都会影响中国企业 OFDI 活动。[②] 而双边关系的加强则会显著促进中国的 OFDI 活动。例如，双边高层会晤、华人海外移民网络等都对中国 OFDI 具有显著的积极作用。[③] 周伟等 2017 年将中国与东道国政治、经济等双边关系纳入对外投资国家风险的范畴。[④]

此外，从微观视角看，中国跨国企业高层管理者自身对东道国的误判也常常给中国跨国企业带来投资经营风险。主要原因有两个方面：一是高层管理者缺乏所有权优势，比如企业高管不熟悉东道国的规则、不擅长英语沟通等。[⑤] 二是高层管理者存在着非理性因素，比如盲目自大投资行为、自豪感带来的非理性投资行为。[⑥]

二 中国对外直接投资的东道国风险测度

尽管现在有不少文献研究东道国环境因素对中国 OFDI 的影响，但是多以定性分析为主，定量测度中国 OFDI 风险的研究还相对较少。范体军等对中国海外石油开发利用的国家风险进行了

[①] Blomkvist K., Drogendijk R., "The Impact of Psychic Distance on Chinese Outward Foreign Direct Investments", *Management International Review*, Vol. 53, No. 5, 2013, pp. 659–686.

[②] 赵明亮：《国际投资风险因素是否影响中国在"一带一路"国家的 OFDI——基于扩展投资引力模型的实证检验》，《国际经贸探索》2017 年第 2 期。

[③] 郭烨、许陈生：《双边高层会晤与中国在"一带一路"沿线国家的直接投资》，《国际贸易问题》2016 年第 2 期；范兆斌、杨俊：《海外移民网络、交易成本与外向型直接投资》，《财贸经济》2015 年第 36 期。

[④] 周伟、陈昭、吴先明：《中国在"一带一路"OFDI 的国家风险研究：基于 39 个沿线东道国的量化评价》，《世界经济研究》2017 年第 8 期。

[⑤] Peng M W., "The Global Strategy of Emerging Multinationals from China", *Global Strategy Journal*, Vol. 2, No. 2, 2012, pp. 97–107.

[⑥] Hope O. K., Thomas W., Vyas D., "The Cost of Pride: Why do Firms from Developing Countries Bid Higher", *Journal of International Business Studies*, Vol. 42, No. 1, 2011, pp. 128–151.

测度，该文运用模糊综合评判法构建了风险测度模型，采用层次分析法（AHP）确定了指标体系的权重，并选取了典型的国家或地区开展了风险测度。① 孙晓蕾等提出了一种多尺度特征提取与识别的分析框架，利用方差贡献率、相关系数和 Shapley 值刻画了短期、中期和长期尺度与原始国家风险序列间的波动特征、模态特征和全局重要度，并以 12 个 OPEC 石油输出国为样本进行了实证检验。② 方旖旎利用 ICRG2014 的数据和方法测度了"一带一路"沿线 50 个国家的国家风险，以中国社科院 CROIC – IVEP 国家风险测度模型和数据为基础，分别测算了这些国家的经济风险和非经济风险。该研究发现，沿线国家非经济风险主要因素是军事干预、政府低效和法制不完善，而部分南亚和东南亚国家经济风险偏高。③ 周伟等采用 2013 年中国对 39 个国家 OFDI 的截面数据，定量测度了各国的国家风险水平。这篇文章构建了一个包括政治风险、经济金融风险和社会文化风险三大类一级指标以及 20 个二级指标在内的指标体系，采用主成分分析进行权重确定。尤其值得一提的是，为了更好地反映东道国与中国的关系，该研究设计了 5 个中国相关的具体指标。④

三 中国对外直接投资东道国风险的影响

中国 OFDI 对东道国风险因素敏感吗？Buckley 等基于 1984—2001 年的国家层面数据研究发现，中国 OFDI 并没有被东道国较高

---

① 范体军、张莉莉、常香云等：《我国海外石油开发利用的国家风险评估》，《管理学报》2011 年第 6 期。

② 孙晓蕾、姚晓阳、杨玉英等：《国家风险动态性的多尺度特征提取与识别：以 OPEC 国家为例》，《中国管理科学》2015 年第 4 期。

③ 方旖旎：《"一带一路"战略下中国企业对海外直接投资国的风险评估》，《现代经济探讨》2016 年第 1 期。

④ 周伟、陈昭、吴先明：《中国在"一带一路"OFDI 的国家风险研究：基于 39 个沿线东道国的量化评价》，《世界经济研究》2017 年第 8 期。

的政治风险所阻碍。① Kolstad 和 Wiig 采用 2003—2006 年的数据研究发现，中国 OFDI 更倾向于投到那些自然资源丰富但制度质量较差的国家。② Ramasamy 等使用企业层面投资数据也发现，中国的国有跨国企业更偏好投资于那些高政治风险的国家。③ 余官胜利用温州民营企业对外投资互动进行实证研究，民营企业在外投资中对东道国会偏好于经济风险，而会主动规避政治风险。④

为什么中国 OFDI 表现出如此的风险偏向呢？传统的国际 OFDI 理论无法有效地解释。Buckley 等采用 1985—2011 年的数据，利用 Heckman 的两阶段模型研究了制度因素对中国企业在 150 个经济体的跨境并购区位选择的影响。结果表明，中国跨国企业在决定投资区位和投资规模时，对东道国国家风险表现出了"短视"的行为，这可能会损害公司的长期盈利能力。⑤ 作为一个新兴的发展中国家，中国拥有大量的异质性较大的企业主体，它们在对外直接投资中的驱动力、影响因素和区位选择都不尽相同。

第四节　文献述评

在中国 OFDI 日益增长的现实背景下，如何有效地识别和治理投资风险，实现由关注投资数量到提升投资质量的转变，已经成为中国政府和跨国企业面临的重要课题。然而，中国 OFDI 面临的风

---

① Buckley P. J., Clegg L. J., Cross A. R., et al., "The Determinants of Chinese Outward Foreign Direct Investment", *Journal of International Business Studies*, Vol. 38, No. 4, 2007, pp. 499–518.

② Kolstad I., Wiig A., "What Determines Chinese Outward FDI?", *Journal of World Business*, Vol. 47, No. 1, 2012, pp. 26–34.

③ Ramasamy B., Yeung M., Laforet S., "China's Outward Foreign Direct Investment: Location Choice and Firm Ownership", *Journal of World Business*, Vol. 47, No. 1, 2012, pp. 17–25.

④ 余官胜：《民营企业是对外直接投资的风险规避者吗——基于温州民营企业数据的实证研究》，《国际经贸探索》2017 年第 1 期。

⑤ Buckley P. J., Yu P., Liu Q., et al., "The Institutional Influence on the Location Strategies of Multinational Enterprises from Emerging Economies: Evidence from China's Cross-border Mergers and Acquisitions", *Management and Organization Review*, Vol. 12, No. 3, 2016, pp. 425–448.

险因素具有极大的复杂性和多样性，对中国 OFDI 影响的机理和影响的程度都不尽相同。这就需要对各种风险进行准确的识别和测度，这样才能有效地治理风险提高投资绩效。学术界已经对 OFDI 风险问题进行了大量的理论和实证研究，提出了许多具有重要价值的观点和结论。同时，也应清醒地看到，仍然存在一些有待进一步解决的问题。

第一，通过文献梳理可以发现在诸多风险因素当中，宏观层面的国家风险已成为理论界和企业界非常关注的问题。大量的文献已经分析了政治风险、经济风险、社会风险、金融风险、法律风险、文化风险等国家层面的风险因素，也有文献采用国家风险的概念，试图构建一个整合的国家层面风险理论。这显然是十分必要和非常有益的探索。但是，在针对中国企业 OFDI 的风险问题时，还存在解释乏力的情况。一是，多数的国家风险理论几乎等同于主权风险，重点关注东道国的主权信用和偿债能力，对于跨国企业真实而具体的经营活动则显得力不从心。二是，现有的国家风险理论往往过于注重风险因素的共性方面。这些风险研究的结论对于不同国家的投资者都具有普遍的指导意义，但是对于中国企业却不是那么有效。这是因为，中国企业 OFDI 的东道国国家风险不能忽视"中国因素"和"中国特色"。从宏观层次看，这种"中国因素"可以体现为中国与东道国之间的双边关系因素，这些因素显然直接影响了中国 OFDI 的成败。可喜的是，许多研究已经把双边关系风险纳入中国 OFDI 风险分析框架中来。这些研究要么仅仅验证某一双边关系对中国 OFDI 的影响，要么使用几个简单的指标作为东道国对华关系风险的代理变量，因而还比较单一化和碎片化。这就需要构建一个整合的国家风险概念，以更加准确和清晰地刻画出中国 OFDI 东道国国家风险因素。

第二，为有效把握东道国的国家风险，需要构建一个整合的、可以反映"中国因素"的东道国国家风险测度模型。目前，国家风险测度模型众多，各具特色，不同程度上被投资者认可和接受。但是，一旦我们认真分析这些模型的构成及其方法论，我们就会发现许多问题都可以进一步探讨。其一，模型的指标体系，主要表现在全面性和针对性两个方面。在全面性方面，测度模型的一级指标或者二级指标不能全面覆盖 OFDI 国家层面的风险因素；在针对性方面，则是没有反映出东道国的"中国因素"。其二，指标的测量，主要表现在有效性和科学性两个方面。在有效性方面，表现在指标的代理变量不能有效反映指标的内涵；在科学性方面，许多模型的部分指标值是采用德尔菲法得来的，然而并没有给出计算的过程和方法论。面对不同领域的各种指标，全球上百个甚至近两百个不同层次的国家，投资者们极可能对专家结论的科学性产生怀疑。其三，指标体系的赋值，如何确定指标的权重始终是测度模型的关键问题。目前，国际知名的测度机构对国家风险测度指标的赋权多采用简单加权法。如 ICRG 对于一级指标和二级指标采用基数型的简单加权法，标准普尔则是采用序数排列、简单加权的赋值方法，这些确定权重的方法过于主观，没有反映出各个指标对风险后果的影响程度。周伟等创新性地采用相对客观的主成分分析法对国家风险的一级指标进行权重确定，这在某种程度上提升了测度模型指标权重的客观可信度。[①] 但是，主成分分析法在确定权重时仍然存在一些尚待解决的问题：一方面，提取主成分的现实含义很难准确把握；另一方面，若是存在连续的面板数据，每年提取的主成分是否稳定？

第三，国家风险影响中国 OFDI 的机理是怎样的？目前，大量的文献研究了国家风险或者其他风险对对外直接投资的影响。归纳一下，这些研究呈现出"三多"的特征：一是风险变量多。例如，都是研究政治风险对 OFDI 的影响，由于没有形成统一而且被广泛

[①] 周伟、陈昭、吴先明：《中国在"一带一路"OFDI 的国家风险研究：基于 39 个沿线东道国的量化评价》，《世界经济研究》2017 年第 8 期。

接受的政治风险概念，不同的学者对政治风险内涵的理解和代理变量的选取就会多种多样。二是回归模型多。根据不同的理论模型、不同的研究设计和不同的数据类型，其采用的多元统计方法自然各不相同。三是研究结论多。由于前两个因素的影响，各个文献研究的结论自然五花八门，形形色色。比如，都是研究政治风险对中国 OFDI 的影响文献，有些结论是显著正相关，有些结论是负相关，有些结论是倒 U 形关系，还有些结论则是关系不显著。对此，我们显然不能据此就简单地怀疑甚至否定这些研究结论的科学性。但是，学术界还需要创新理论和方法，以进一步科学地揭示国家风险对中国 OFDI 的影响机理。唯有如此，我们才能更加有针对性地预防和治理中国 OFDI 的东道国国家风险。

第三章

中国对外直接投资国家风险识别与机理分析

第一节 中国对外直接投资经验事实与风险表征

一 中国对外直接投资经验事实

自 2003 年起,中国开始实施"走出去"战略,中国企业开始积极在境外开展直接投资活动。经济的高速发展推动着中国对外直接投资的连续多年快速增长。联合国贸易和发展会议(UNCTAD)发布的《世界投资报告 2017》显示,中国已成为全球第二大投资国,2016 年度 OFDI 达到 1830 亿美元,比上一年度的 1280 亿美元增长了 44%,创历史新高。[①] 随着"一带一路"倡议和国际产能合作的深入推进,中国 OFDI 还会保持在较高水平。

(一)中国 OFDI 的总量分析

自 2003 年开始,中国商务部已连续 14 年发布年度《中国对外直接投资统计公报》,披露中国 OFDI 统计数据。另外,联合国贸易和发展会议(UNCTAD)也会通过年度《世界投资报告》对全球 OFDI 情况进行公布。

---

① 联合国贸易和发展会议,《世界投资报告 2017》。

UNCTAD 数据显示（具体数据如图 3—1 所示），14 年来，中国对外直接投资发展迅猛。从流量上看，中国 OFDI 从 2003 年的 29 亿美元增长到 2016 年的 1831 亿美元，增长了 62 倍；从存量上看，中国 OFDI 从 2003 年的 332 亿美元增长到 2016 年的 12810 亿美元，增长了约 38 倍。

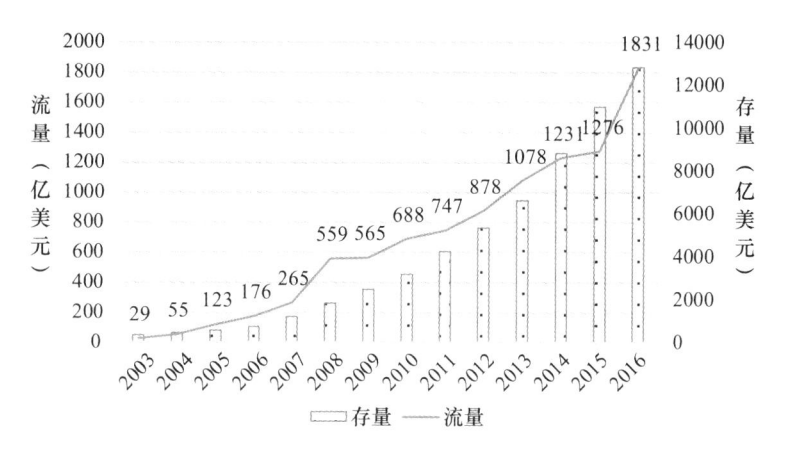

图 3—1　2003—2016 年中国 OFDI 总量

数据来源：UNCTADstat，https://unctadstat.unctad.org/CountryProfile/GeneralProfile/en-GB/156/index.html。

表 3—1　　　　　　　　2006—2016 年中国 OFDI 全球排名

年份	2006	2007	2008	2009	2010	2011	2012	2013	2014	2015	2016
排名 A	18	19	9	6	5	6	3	3	3	5	2
排名 B	13	17	12	5	5	6	3	3	3	2	2
排名 C	23	22	18	16	17	13	13	11	8	8	6

注：排名 A：根据 UNCTAD 相关年份《世界投资报告》统计的年度流量排名，https://unctad.org/webflyer/world-investment-report-2017；排名 B：根据《中国对外直接投资报告》统计的年度流量排名，http://hzs.mofcom.gov.cn/article/date/201512/20151201223578.shtml；排名 C：根据《中国对外直接投资报告》统计的年度存量排名，http://hzs.mofcom.gov.cn/article/date/201512/20151201223578.shtml。

从表3—1可以看出，中国近年来OFDI在全球的排名越来越高。从流量上看，尽管《世界投资报告》和《中国对外直接投资报告》的统计数据并不完全一致，但均显示中国2016年OFDI已居世界第2位。从存量上看，中国OFDI同样增长迅速，截至2016年末，中国OFDI存量已从2006年的全球第23位跃升到全球第6位。[①]

除了全球排名的不断跃升，中国OFDI在全球OFDI中的比重也越来越大（如图3—2所示）。从存量上看，中国OFDI截至2016年末存量已占全球OFDI存量（26.16万亿美元）的4.9%。从流量上看，2016年中国OFDI占全球OFDI（1.45万亿美元）的比重已高达12.61%，相对于2003年的0.53%而言，增长约达23倍，与美国的差距也在逐渐缩小。

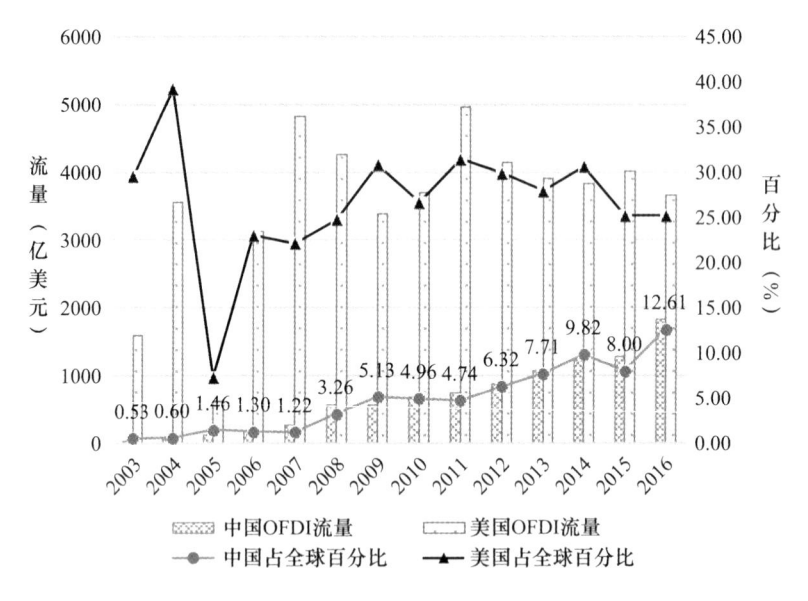

图3—2 2003—2016年中国与美国OFDI占全球比重

数据来源：UNCTADstat，http://unctadstat.unctad.org。

---

① 数据来源：联合国贸易和发展会议《世界投资报告2017》，https://unctad.org/webflyer/world-investment-report-2017。

（二）中国 OFDI 的结构分析

第一，中国 OFDI 的区位结构不均衡。中国 OFDI 历年来在全球各国家（地区）分布都非常广泛。根据商务部对外投资和经济合作司发布的数据，中国 OFDI 国家（地区）从 2012 年的 141 个增加到 2017 年的 174 个。从存量上看，《2016 年度中国对外直接投资统计公报》显示，截至 2016 年末，中国共有 2.44 万家境内企业在全球 190 个国家或地区成立了 3.72 万家对外直接投资企业，资产总额高达 5 万亿美元。[①]

从区域分布看，中国 OFDI 虽已遍布六大洲，但分布结构明显不均衡。《2016 年度中国对外直接投资报告》显示，无论是 OFDI 存量还是流量，亚洲都是中国 OFDI 的首要目的地区域，占中国全部 OFDI 的比重分别达到 67.0% 和 66.4%（具体见表 3—2）。主要的原因不仅在于中国本身就是一个亚洲国家，亚洲国家的数量相对较多，还在于中国香港地区吸纳了大量的中国内地 OFDI。

表 3—2　　　　　　　　　2016 年中国 OFDI 区域分布

排名	OFDI 存量 洲别	金额（10 亿美元）	占全球比重（%）	OFDI 流量 洲别	金额（10 亿美元）	占全球比重（%）
1	亚洲	909.5	67.0	亚洲	130.2	66.4
2	拉丁美洲	207.2	15.3	拉丁美洲	27.2	13.9
3	欧洲	87.2	6.4	北美洲	20.4	10.4
4	北美洲	75.5	5.6	欧洲	10.7	5.4
5	非洲	39.9	2.9	大洋洲	5.2	2.7
6	大洋洲	38.2	2.8	非洲	2.4	1.2
	合计	1357.5	100.0	合计	196.1	100.0

数据来源：《2016 年度中国对外直接投资报告》，http://hzs.mofcom.gov.cn/。

[①] 商务部界定的对外直接投资企业，指境内投资者直接拥有或控股 10% 及 10% 以上投票权或其他等价利益的境外企业。

从表3—3可以看出，2016年中国内地在中国香港地区OFDI的存量和流量分别占到中国内地全部OFDI的57.5%和58.2%，占中国内地在亚洲OFDI的85.8%和87.7%。拉丁美洲是仅次于亚洲的中国OFDI目的地，主要分布在英属维尔京群岛和开曼群岛这两个避税天堂。除此之外，美国是中国OFDI最重要的目的地，仅2016年一年就占中国流量的8.7%。

表3—3　　　　　　　　2016年中国OFDI国家（地区）分布

排名	OFDI存量 国家（地区）	金额（10亿美元）	占全球比重（%）	OFDI流量 国家（地区）	金额（10亿美元）	占全球比重（%）
1	中国香港	780.7	57.5	中国香港	114.2	58.2
2	开曼群岛	104.2	7.7	美国	17.0	8.7
3	维尔京群岛	88.8	6.5	开曼群岛	13.5	6.9
4	美国	60.6	4.4	维尔京群岛	12.3	6.3
5	新加坡	33.4	2.5	澳大利亚	4.2	2.1
6	澳大利亚	33.4	2.5	新加坡	3.2	1.6
7	荷兰	20.6	1.5	加拿大	2.9	1.5
8	英国	17.6	1.3	德国	2.4	1.2
9	俄罗斯	13.0	1.0	以色列	1.8	0.9
10	加拿大	12.7	0.9	马来西亚	1.8	0.9
	合计	1165	85.6	合计	173.3	87.4

资料来源：《2016年度中国对外直接投资统计公报》，http://hzs.mofcom.gov.cn/article/date/201803/ 20180302722851.shtml。

第二，中国OFDI的产业结构不均衡。《2016年度中国对外直接投资统计公报》显示，2016年中国OFDI的前三大产业就占了全部产业的60%。从表3—4可以看出，2016年投资存量位于前三的分别是租赁和商务服务业、金融业、批发和零售业，投资总额分别为4740亿美元、1773亿美元、1692亿美元，累计占当年中国OFDI

总额的60.5%。2016年投资流量位于前三的分别是租赁和商务服务业、制造业、批发和零售业，累计占当年中国OFDI总额的59%。其中，制造业OFDI增长最为迅猛，2016年对外投资达到291亿美元，占到了当年中国OFDI总额的14.8%，这也反映出产业升级背景下中国企业不断提高的OFDI战略性资产寻求动因。

表3—4　　　　　　　　2016年中国OFDI产业分布

排名	OFDI存量			OFDI流量		
	产业	金额（10亿美元）	占比（%）	产业	金额（10亿美元）	占比（%）
1	租赁和商务服务业	474.0	34.9	租赁和商务服务业	65.8	33.5
2	金融业	177.3	13.1	制造业	29.1	14.8
3	批发和零售业	169.2	12.5	批发和零售业	20.9	10.7
4	采矿业	152.4	11.2	信息传输/软件和信息技术服务业	18.7	9.5
5	制造业	108.1	8.0	房地产业	15.3	7.8
6	信息传输/软件和信息技术服务业	64.8	4.8	金融业	14.9	7.6
7	房地产业	46.1	3.4	居民服务/修理和其他服务业	5.4	2.8
8	交通运输/仓储和邮政业	41.4	3.1	建筑业	4.4	2.2
9	建筑业	32.4	2.4	科学研究和技术服务业	4.2	2.2

续表

排名	OFDI 存量			OFDI 流量		
	产业	金额（10亿美元）	占比（%）	产业	金额（10亿美元）	占比（%）
10	电力/热力/燃气及水的生产和供应业	22.8	1.7	文化/体育和娱乐业	3.9	2.0
	合计	1288.5	95.1	合计	182.6	93.1

资料来源：《2016年度中国对外直接投资统计公报》，http://hzs.mofcom.gov.cn/article/date/201803/20180302722851.shtml。

第三，中国OFDI的主体结构不均衡。目前，中国OFDI迅速发展，对外直接投资主体日益多元化。从表3—5可以看出，中国OFDI的市场主体已经几乎涵盖了全部的市场类型。其中的有限责任公司和股份有限公司没有公布股东结构，无法明确其所有权性质。

表3—5　　　　　　　　2016年中国OFDI主体分布

排名	主体类型	主体个数	占比（%）
1	有限责任公司	10536	43.2
2	私营企业	6386	26.2
3	股份有限公司	2474	10.1
4	国有企业	1268	5.2
5	外商投资企业	1175	4.8
6	港/澳/台商投资企业	776	3.2
7	个体经营	593	2.4
8	股份合作企业	498	2.0
9	集体企业	113	0.5
10	其他	583	2.4
	合计	24402	100.0

资料来源：《2016年度中国对外直接投资统计公报》，http://hzs.mofcom.gov.cn/article/date/201803/20180302722851.shtml。

大型国有企业仍然是中国 OFDI 的一个主导性力量。联合国贸易和发展会议（UNCTAD）的国有跨国公司数据库（www.unctad.org/fdistatistics）显示，2017 年中国有 257 家国有跨国公司开展 OFDI 活动，是全世界拥有最大的国有跨国公司投资母国，中国拥有的国有跨国公司大约等于排名第二至第五名（马来西亚、印度、南非、俄罗斯）四个国家的总和。联合国贸易和发展会议 2017 年《世界投资报告》研究发现，国有跨国公司在全球 OFDI 中的表现日益突出，这些公司 2016 年开展的绿地投资就已经占了全球总数的 11%。[①] 在发展中国家和转型经济体，国有跨国公司已经在非金融行业 100 强中包括 41 席，主要集中在金融服务业、自然资源等行业。从表 3—6 可以看出，在欧洲发达国家，国有公司也是进行 OFDI 的重要力量。俄罗斯、瑞典、法国、意大利、德国等国也拥有数量众多的国有跨国企业，分别为 51 家、49 家、45 家、44 家、43 家。

表3—6　　　　　　　　2017 年全球国有跨国公司数量排名

排名	国家	国有跨国公司数目
1	中国	257
2	马来西亚	79
3	印度	61
4	南非	55
5	俄罗斯	51
6	阿联酋	50
7	瑞典	49
8	法国	45
9	意大利	44
10	德国	43

数据来源：联合国贸易和发展会议 2017 年《世界投资报告》，国有跨国企业数据库（www.unctad.org/fdistatistics），此表仅列示 2017 年各国国有跨国公司数量排名前 10 位的国家。

① 联合国贸易和发展会议，《世界投资报告 2017》。

近年来，中国民营企业对外直接投资发展十分迅猛。一批具有竞争力的民营企业在国家对外开放战略的指引下纷纷加大了 OFDI 的力度。与国有企业相比，民营企业追求利润最大化的目的更加明确，经营管理机制方面比国有企业更加灵活，在对外投资方面也更加积极踊跃。中国民营企业对外投资已经遍布世界各国，投资行业主要涉及制造业、农业、采矿业、金融和保险业以及高新技术等产业领域，投资规模也越来越大。

总之，在国家开放战略的引领下，中国 OFDI 发展迅猛，增长强劲。"一带一路"倡议已上升为引领国家全方位开放的重要活动，并得到持续推进，中国对外直接投资的数量和质量都将进一步提升，成为全球投资活动中举足轻重的参与者。

二　中国对外直接投资风险表征

中国 OFDI 风险表征主要体现在三个层面：国际层面、国家层面和企业层面。因此，为有效治理中国 OFDI 风险，需要对中国 OFDI 风险表征进行准确的识别和理解。

（一）国际层面的风险表征

全球性的风险因素是导致中国企业投资失败和遭受损失的重要原因。2008 年经济危机以来，全球经济复苏乏力，经济增速放缓，部分国家保护主义和反全球化倾向抬头，给世界贸易和投资带来了巨大风险。联合国贸发会议 2017 年《世界投资报告》显示，2016 年全球共有 58 个国家和地区出台了针对外商直接投资的政策措施，其中，积极措施 84 项，中性措施 18 项，消极措施 22 项。[①] 近年来，全球每年都会采取 20 余项对外商直接投资有着限制或监管影响的消极措施，反映了保护主义上升的倾向。

自 2006 年起，世界经济论坛已连续 13 年发布年度《全球风险

---

① 联合国贸易和发展会议，《世界投资报告 2017》。

报告》（Global Risks Report，GRP），采用问卷调查的方式对具有全球影响的经济风险、环境风险、地缘政治风险、社会风险和技术风险等风险因素进行评估，并分析风险因素之间的联系和风险的影响因素。据研究，经济不平等风险、社会极化风险和环境风险是影响全球发展最重要的风险因素。《全球风险报告》自2015年起开始提供国别风险数据，由跨国企业描述东道国的全球风险情况。

世界经济论坛《2017年全球风险报告》显示，环境风险已经成为全球可能性最高的风险，而地缘政治风险则是全球影响力最大的风险。从表3—7可以看出，在全球前十大可行性最高的风险中，环境风险有三个，依次是极端气象事件、自然灾害和人为环境灾害；社会风险只有一个，即大规模被迫移民，但是高居第二位；地缘政治风险有三个，分别是恐怖袭击、国家间冲突和国家治理失败；技术风险有两个，都与互联网有关，分别是电信诈骗和数据失窃、网络攻击；经济风险则是可能性相对最小的风险，而且只有一个风险因素——非法贸易。

表3—7　　　　　　　　　2017年全球风险图景

排名	可能性最高的十大风险		影响力最大的十大风险	
	风险因素	风险类型	风险因素	风险类型
1	极端气象事件	环境风险	大规模杀伤性武器	地缘政治
2	大规模被迫移民	社会风险	极端气象事件	环境风险
3	自然灾害	环境风险	水危机	社会风险
4	恐怖袭击	地缘政治	自然灾害	环境风险
5	电信诈骗和数据失窃	技术风险	未能调整和减缓气候变化	环境风险
6	网络攻击	技术风险	大规模被迫移民	社会风险
7	非法贸易	经济风险	食物危机	社会风险
8	人为环境灾害	环境风险	恐怖袭击	地缘政治
9	国家间冲突	地缘政治	国家间冲突	地缘政治
10	国家治理失败	地缘政治	失业与非充分就业	经济风险

资料来源：世界经济论坛《2017年全球风险报告》。

在全球前十大影响力最大的风险中,地缘政治风险最为突出,而且有三个因素,依次是大规模杀伤性武器、恐怖袭击和国家间冲突;环境风险紧随其后,主要包括极端气象事件、自然灾害、未能调整和减缓气候变化;社会风险有三个,依次是水危机、大规模被迫移民和食物危机;经济风险影响力相对较弱,只有一个风险因素——失业与非充分就业;技术风险则是没有进入前十名单,说明技术风险的破坏性影响相对较小。

在全球风险因素中,恐怖主义是可能性和影响力都极大的风险因素。恐怖主义是全世界人民的公敌,是跨国企业进行外商直接投资活动最为致命的破坏力量之一。但是,近年来恐怖主义活动非但没有减少,反而有愈演愈烈之势。

全球恐怖主义数据库(Global Terrorism Database,GTD)统计了1970年以来全球发生的恐怖主义活动,总数已超过15万起。从发展趋势看,近年来全球恐怖主义活动一直呈现出上升的态势,到2014年达到历史最高峰(见图3—3)。从区域分布看,东南亚和南亚、中东和北非、南美洲是全球恐怖活动最活跃的地区,恐怖事件分别占全球的30.7%、25.8%和11.9%,而大洋洲、中亚、东亚

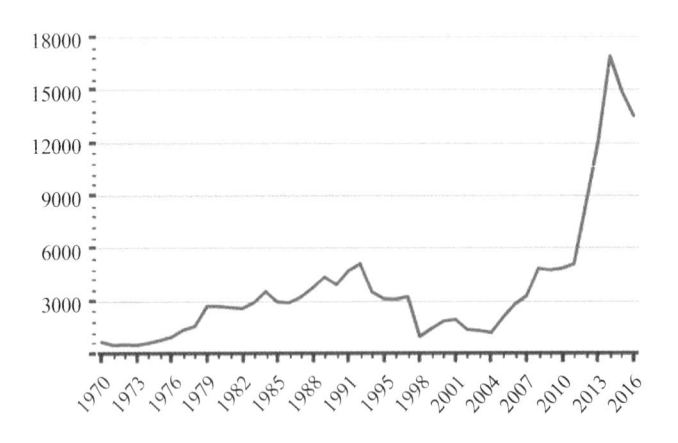

图3—3 1970—2016年全球恐怖主义事件趋势

资料来源:全球恐怖主义数据库(Global Terrorism Database,GTD)。

则是恐怖主义活动较少的区域，总计才占全球恐怖事件的1%（见图3—4）。

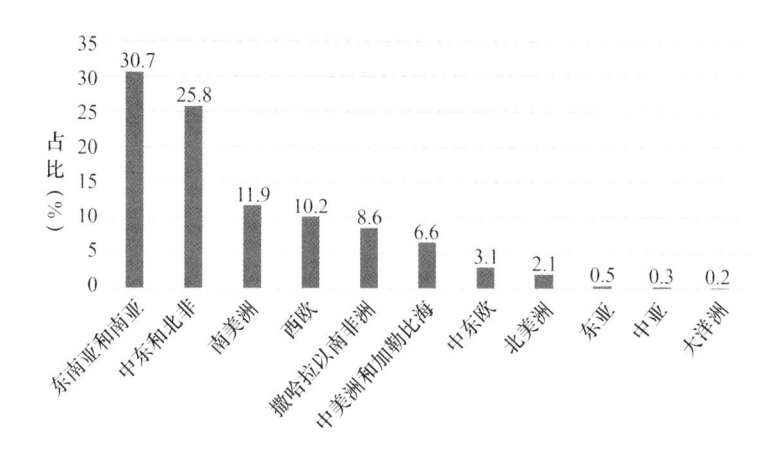

图3—4　1970—2016年全球恐怖主义事件区域分布

资料来源：全球恐怖主义数据库（Global Terrorism Database，GTD）。

（二）国家层面的风险表征

国家特定风险属于宏观层面的风险，即国家风险，主要包括政治状况风险、政策与监管风险、宏观经济风险、社会文化风险和自然环境风险等。王辉耀等对中国企业2005年以来的120起对外直接投资失败案例进行了研究，发现大约四分之一的企业投资失败是由东道国政治原因引起的，这主要包括东道国政治动荡、领导人更迭、政治干预等东道国政治环境的变化。[1] 中国信保在《全球投资风险分析报告》中指出，政府违约和非传统安全风险已经成为当前中国企业对外投资面临的主要风险。[2]

其一，东道国政治法律风险。政治风险是关系到OFDI项目成

---

[1] 王辉耀、孙玉红、苗绿：《中国企业国际化报告》，社会科学文献出版社2014年版。
[2] 中国出口信用保险公司：《全球投资风险分析报告2015》，中国财政经济出版社2015年版。

功与否的关键因素。随着中国对东南亚地区国家的投资及技术转移能力不断增强,中国企业在东盟国家的直接或间接投资活动也在不断加大,中国企业在东盟的投资经营活动势必会深刻影响到东盟各国当地利益相关者。这往往会引起东道国对中国及其跨国投资企业的担忧,从而引发政治层面上的风险。[1] 东道国政治风险,也称政府风险,是由东道国政府行为及相关政策等非经济因素而给OFDI项目带来的不利影响,具体包括东道国政权更迭、政治暴力、政策不连续、政府及官员腐败、恐怖活动等。根据政治风险影响范围的不同,可以将其分为企业特定政治风险和国家特定政治风险两种类型,前者是指那些针对某一特定跨国投资企业的政治风险,例如东道国当局以国家安全为由政治干预某个特定企业经营活动,后者则涉及整个国家范围,例如东道国爆发内战或者出现政权更迭。一般情况下,政治风险是跨国公司OFDI项目中最难以预见和应对的风险类型,因为一旦发生此类风险,中国企业OFDI项目将会有极大可能遭受难以估量的损失。近年来,以国家安全审查、市场垄断调查、行业准入限制等为主要表现形式的国际投资保护主义趋势加剧。随着贸易保护主义的抬头,许多东道国政府屡屡以国家安全或国家利益为由在税收政策、产业政策、外汇政策等方面歧视中国境外企业,试图全方位地抵制和干预中国企业的海外投资活动,对战略资源和高科技领域的投资行为进行严格审查,导致大量中国企业的OFDI项目均以失败告终。法律风险可以说存在于中国企业OFDI的各个阶段。对外国直接投资活动,每个国家都有不同的法律进行规范,但是不同国家法律的管制重点和方法都不尽相同,而且OFDI所涉及的法律比较烦琐复杂,如果跨国企业不能充分了解不同投资国的法律要求,定会增加其OFDI行为与法律冲突的风险。此外,由于在政治、经济、文化上的巨大差异,加之缺乏熟悉东道国

---

[1] Porter M. E., *Competitive Advantage of Nations: Creating and Sustaining Superior Performance*, New York: Simon & Schuster, 2011.

语言文化、法律法规的专门人才，中国企业难以对东道国当地的业务伙伴进行全面准确的背景调查，致使信用风险程度加大。

其二，东道国宏观经济风险。宏观经济风险是指由于东道国的经济发展水平、经济政策发生变化，给中国跨国企业的投资活动带来损失的可能性。汇率风险也是宏观经济风险的一个重要因素，这是指由于金融市场汇率的波动而引起的风险。中国企业 OFDI 项目大多都是基础设施建设项目，这些项目基本都具备资金需求大、建设周期长、利润相对较低的特点，因此中国企业 OFDI 项目面临成本与收益的不确定性。此外，中国海外投资企业还需要关注东道国资本转移风险，这是指东道国政府由于国际收支发生危机，对于中国企业的投资本金和利润等进行转移限制或增加转移成本等的风险。

其三，东道国社会文化风险。中国对外直接投资企业时常忽略投资项目所在地民众的社会、文化、环境等利益诉求，缺乏与东道国当地民众的沟通和交流，更没有全方位地照顾当地的自然环境和人文风俗，从而引发非政府性障碍。这带来了社会责任和社会暴力两个方面的风险。所谓社会责任风险，是指中国跨国经营企业在 OFDI 过程中越来越多地面临企业社会责任的压力，这集中体现为中国企业的"三重底线"责任，即企业 OFDI 活动至少应在经济、生态、社会三个方面对东道国发展有所贡献，否则就会遭受当地社会的强力反弹。而社会暴力风险，是指中国企业在东道国的大量投资活动往往会影响到当地企业的市场竞争力和经营效益，这种合理竞争一旦被当地的利益相关群体或极端民族主义者歪曲和利用，中国企业及其员工就极易成为敲诈勒索或发泄不满的对象。东道国社会文化风险从影响范围来看，又可分为宏观文化风险和微观文化风险两个层次。前者是指东道国与母国文化背景和传统习俗差异而产生的冲突往往会给中国企业跨国经营造成不利的影响；而后者则是指由于宏观文化差异导致中国跨国企业在企业理念、决策方式、奖惩机制等方面无法有效整合而引发当地员工的认同障碍。

简而言之,这些风险都可属于国家层面的风险范畴,即由于国家经济、政治、社会等层面的因素对直接投资活动的影响而引致的风险。除了上述风险之外,还有生态风险、财务风险、税收风险、宗教风险等各种风险因素。

(三) 企业层面的风险表征

中国对外直接投资具有前期投入大、建设周期长、项目复杂等特点,在很多时候会深刻影响东道国各利益相关者的利益,促使利益相关者对中国投资项目做出或有利或不利的行动。因此中国项目管理方势必面临来自各方面的较大不可预期风险。另外,不同的投资活动可能面临不同类型的利益相关者,这些类型各异的利益相关者对项目风险也有着不同程度的影响,利益相关者之间的互动行为,或利益相关者与项目管理方的沟通交流均可能在不同程度上引发项目的不确定性风险。

其一,经营管理风险。指中国企业在跨国经营管理过程中由于其内在因素而蒙受的经济损失。经营性风险已经是中国企业跨国经营普遍存在的风险。经营风险是指中国企业在海外经营的过程中,由于市场环境变化和生产技术进步等因素的改变而可能给跨国直接投资项目带来损失的不确定性。这往往是由企业投资决策、财务管理、内部控制等制度不完善导致的。为了使中国 OFDI 取得成功,就必须坚持在项目投资决策、业务经营等全过程中有效监控所存在的各种风险,并采取有效措施防控和规避。在现实中,一些中国跨国经营企业常常将国内积累的管理经验和经营体制搬到国外去,意图形成国内经验的外溢效应,却往往忽视了东道国市场环境的特殊性。这主要包括：第一,财务风险。中国企业许多海外投资项目规模较大、周期较长,往往涉及巨额资金的融资及投资活动,极易引起大量财务风险,这主要包括项目融资风险、投资风险、偿债风险、定价风险等因素。第二,信息风险。主要指信息不对称风险,即中国企业在 OFDI 过程中对东道国投资环境、外商投资法律、监管政策的了解存在信息不对称问题而带来风险。第三，技术风险。中国 OFDI 项目同时面临技术创新、技术传播、技术扩散以及技术壁垒等各方面的技术风险。技术风险通常来源于三个方面：技术自身的不确定性，东道国技术环境的变化，中国企业跨国技术管理的实践经验及能力不足。第四，市场风险。市场风险是由于消费者对产品需求变化或品牌认同不同而带来的风险，同时还包括客户违约风险，即客户未能履行约定契约中的义务而引发的风险。第五，员工风险。主要是指用工风险，即中国跨国企业在东道国雇用大量当地的工人，存在着劳动纠纷、文化冲突和人员整合等诸多风险因素。

其二，行业分布风险。中国 OFDI 风险具有显著的行业异质性。由于各个行业自身的特征和东道国环境的差异，不同行业的 OFDI 项目面临不同程度的不确定性，这就导致投资者寻求不同的利益回报来补偿其风险。从总体上看，中国许多 OFDI 项目是资源寻求型和基础设施建设型的。而这两类投资项目恰恰是高投资、高风险的投资项目。作为重要的生产资料和战略物资，资源尤其是以石油为代表的能源项目是中国 OFDI 的一个重点领域。从国际范围看，资源保护主义逐渐成为各个资源拥有国的主流价值追求，而对外资源型直接投资往往会被蓄意描述为"新殖民主义""资源掠夺"，这必将给资源型 OFDI 项目带来更多的投资障碍和风险因素。基础设施型投资项目是中国 OFDI 的另一个重点领域。在不同类型的基础设施建设项目中，绿地基础设施项目越来越多。作为具有开发性和准公共品性的绿地基础设施往往具有投资规模大、建设周期长、项目收益性和流动性差的特点，这也使得此类投资项目具有较高的风险性。另外，投资项目所属的行业特性也是影响投资活动是否遭受东道国阻力的关键因素。一般而言，诸如能源、通信、航空航天、基础设施等行业均属于敏感性行业。这些敏感行业的政治风险显著高于一般性行业，东道国政府通常对这些行业外国投资的态度均较为谨慎，甚至极端保守。敏感性行业的特点势必使得中国企业在境外的资源型投资相比其他行业面临更大的政治风险。

其三，区位分布风险。中国 OFDI 的区域分布比较广泛，具有典型的二元属性：顺梯度与逆梯度。前者是指中国利用比较优势投资于经济发展水平相对落后的国家，而后者则是投资于比中国更为发达的国家或地区。[①] 在"一带一路"倡议背景下，中国 OFDI 的重点区域是新兴经济体，大多属于顺梯度对外直接投资。这是因为作为对外直接领域的新加入者，优质的市场已被发达国家跨国企业瓜分殆尽，中国企业在投资目的地选择方面处于明显的不利地位，不得不将投资目标锁定在那些新兴经济体。然而，许多新兴经济体国家在契约精神、制度体系、政府治理、市场化水平、基础设施建设等方面具有较高的国别政治风险，个别国家甚至政局动荡、冲突不断，这给中国跨国企业带来了严峻的挑战。

第二节 中国对外直接投资国家风险识别

根据本书对核心概念的界定，中国 OFDI 国家风险特指东道国国家风险，即中国跨国企业在东道国的直接投资由于东道国国家层面的宏观因素变化而面临的遭受损失的不确定性。经过理论分析和文献研究，将中国 OFDI 国家风险识别为政治风险（Political Risk，PR）、经济风险（Economic Risk，ER）、社会风险（Social Risk，SR）和对华风险（Risk of Relation with China，RR）四个维度。

一 政治风险

政治风险（Political Risk，PR），是国家风险中最重要的一类风

[①] 王凤彬、杨阳：《我国企业 FDI 路径选择与"差异化的同时并进"模式》，《中国工业经济》2010 年第 2 期。

险,也被许多学者认为是研究国家风险最为核心的因素。广义的政治风险是指由东道国政治、社会、文化等宏观因素引起的企业经营环境发生难以预料的不连续性,外国投资者无法控制的风险。狭义的政治风险是指东道国所发生的诸如战争、内乱、政权更迭等政治因素变化,而给外商投资企业可能带来的经济损失。政治风险与社会风险不同,其主要是由于政府行为造成的一种风险。具体而言,政治风险是一国政府的政局动荡、恐怖主义、军事和宗教干预政治、民族矛盾、政府治理水平等,对在当地经营的跨国企业投资和经营可能带来的不确定性影响,并导致外国企业价值减少的可能性。目前,许多学者把政治风险的定义扩大到包括政府采取的任何对国外和国内企业的区别对待行为。由于政治风险往往是由于一国政府内部的某些利益集团为了达到某种政治目的而采取的行动,例如国有化、武装冲突、政治动荡等,因此该类风险往往具有更高的不确定性。政治风险给企业带来的风险远远高于社会和经济风险,难以预判且后果严重。政治风险包括许多风险内容,其中最主要的政治风险有以下几点。

(一) 地缘政治风险

世界政治经济秩序进入深入调整期,地区政治局势紧张态势不断升级。许多国家或国际组织为了创造更有利于自身的发展环境,纷纷提出各种政治经济发展战略,对国际地缘政治带来了不容忽视的影响。2008年国际金融危机以来,美国积极启动而后又主动退出《跨太平洋伙伴关系协议》(TPP)谈判,提出所谓的"重返亚太"战略目标、新丝绸之路战略,试图重塑全球贸易投资规则。欧盟于2007年推出了《欧盟与中亚新伙伴关系战略》,更加积极地开展对中亚国家的投资与合作。俄罗斯主导提出了"北南走廊计划",试图抗衡西方国家主张的绕开俄罗斯的东西"欧亚经济走廊"。印度也推出了雄心勃勃的"季风计划"(Monsoon Plan)(又称"香料之路"战略),试图加强与东非、阿拉伯半岛、印度次大陆、东南亚群岛等广义印度洋海域国家的互动合作。地缘政治的变化会导致国家之间或国际组织之间的冲突,进一步给外商投资企业的经济活动带来不确定性影响。因此,良好而稳定的地缘政治能够对 OFDI 有正向的促进作用。

(二) 恐怖主义活动

近年来,恐怖主义活动此起彼伏,一些国家内部的战争不断升级,给外商投资企业的正常经营活动带来了极大的负面影响。虽然,大部分恐怖袭击事件不是针对跨国公司,但依然会给企业正常的经营造成不良影响。它会对跨国公司的经营环境带来巨大的破坏,使这些公司的经营成本大大提高,从而对企业长期的现金流造成不利影响,所以这种威胁是一种很难以防范的政治风险。Kis-Katos 采用1970年至2007年共38年159个国家的恐怖主义事件数据,实证检验了东道国的经济发展水平、经济对外开放的程度、民众政治参与的程度、党派竞争情况、民主或独裁持续的时间、内战持续的时间等因素对恐怖活动的影响,研究发现贫穷并不是恐怖主义的主要原因,而一国内部冲突往往是引发恐怖主义的重要原因。[1]

《全球恐怖主义指数报告》(Global Terrorism Index,简称 GTI) 是由全球著名的智库,非政府组织研究机构——经济与和平研究所 (Institute for Economics and Peace,简称 IEP) 每年定期公布的年度报告,该报告从全年遇袭总数、受害者人数、袭击遇难者人数和财产损失四个方面对全球163个国家受恐怖主义影响的情况进行评估,是目前有关全球恐怖主义趋势的最具影响力的年度恐怖主义研究报告。《全球恐怖主义指数报告 2017》显示,虽然2016年的恐怖活动致死人数 (25673人) 相比于2014年恐怖活动"高峰"[人数:2014年恐怖活动"高峰"(31321人),且总数已超过18万

---

[1] Kis-Katos K., "On the Origin of Domestic and International Terrorism", *European Journal of Political Economy*, Vol. 27, No. 6, 2011, pp. S17–S36.

起。]下降22%，但是全球GTI情况有所恶化，越来越多的国家发生至少1次的恐怖活动致死事件，2016年全球由恐怖主义造成的经济损失高达840亿美元。恐怖活动分布较为集中，其中94%分布在中东与北非、撒哈拉以南非洲和南亚地区（见表3—8）。2016年，恐怖主义指数最高的5个国家依次是伊拉克、阿富汗、尼日利亚、叙利亚和巴基斯坦，超过75%的袭击遇难者来自以上这5个国家。中国在全球受由恐怖主义影响最严重国家评级中从2015年的第23位降至2016年的第31位，恐怖主义形势有所缓解，但影响依然严重。

表3—8　　　　　全球恐怖主义指数排名（前20名）

排名	国家	得分	排名	国家	得分
1	伊拉克	10	11	埃及	7.17
2	阿富汗	9.441	12	菲律宾	7.126
3	尼日利亚	9.009	13	刚果（金）	6.967
4	叙利亚	8.621	14	南苏丹	6.821
5	巴基斯坦	8.4	15	喀麦隆	6.787
6	也门	7.877	16	泰国	6.609
7	索马里	7.654	17	乌克兰	6.557
8	印度	7.534	18	苏丹	6.453
9	土耳其	7.519	19	中非	6.394
10	利比亚	7.256	20	尼日尔	6.316

数据来源：《全球恐怖主义指数报告2017》。

（三）政局动荡风险

政局动荡风险主要是由于东道国内部发生非暴力集会、战乱、民族冲突、军事各宗教干预政治等事件，导致外商直接投资活动无法正常进行，经营受到严重影响，甚至无法继续投资经营的风险，这类风险主要发生在一些中东、非洲等地区的发展中国家。Busse

的研究发现，东道国的政权更迭、内乱、民族矛盾等引发的风险都属于宏观层面的政治风险，这类风险难以控制，对外商投资企业会带来负面影响。[①] 在跨国投资过程中，源于国家主权、政府政策的稳定性及经济民族主义的东道国政治风险，往往体现于不同程度的、诸多的政府行动中。从传统上来划分，跨国经营的政治风险包括政府对进入市场的限制、无条件征用、剥夺性没收、多重税收等风险。在和平成为时代主题的背景下，传统的战争风险不断减少，政治风险主要体现在贸易保护主义驱动下的非暴力风险，以及由于劳动权益问题引发的大规模罢工和集会风险等。由于历史、社会、文化等方面的原因，世界上部分国家政局持续动荡，政权极不稳定，国家领导人更换频繁，不仅影响了本国经济社会的发展，而且给外商直接投资带来了严重的不确定性因素，形成了较为恶劣的投资环境。据外交部网站和媒体公开报道，近10年来泰国、巴基斯坦、尼泊尔、埃及、波兰等国出现了5次以上的领导人变更，较为突出的泰国更是走马灯似的更换了11任总理，缅甸、巴基斯坦、刚果、阿尔及利亚等国军事干预政治情况严重，政府较为弱势。

（四）政府治理水平

政府治理水平主要体现在政府的公信力、政府办事效率、对市场的监管能力以及民主问责等方面，尤其是国家法律法规制定、政策执行、质量监管、腐败控制等方面的政府治理水平是影响外商企业进行OFDI决策的重要因素。政府治理水平高，一方面能够留住本国的企业，另一方面还能影响跨国企业的国际化战略并吸引其进行投资。Globerman和Shapiro研究发现，政府政策越稳定、法律制度越健全、腐败控制越好、经济社会治理越有效，则跨国企业的经营成本就相对越低，而投资收益就相对越高，因此就越有利于吸引

---

① Busse M., "Transnational Corporations and Repression of Political Rights and Civil Liberties: An Empirical Analysis", *Kyklos*, Vol. 57, No. 1, 2004, pp. 45 – 66.

外商直接投资项目。他们还发现，政府治理水平的提升能够有效吸引对外直接投资的流入。[1] 同时，许真的研究发现，政府治理能力对于对外直接投资具有正向的显著影响，尤其是随着新兴经济体国家对投资经营审批权的简化、腐败控制的加强等营商环境的改善，将进一步降低外资企业的行政成本和交际成本，吸引更多的外商投资。[2] 政府公信力、政策透明性、政府有效性等政府效能方面的情况对于一个国家的经济社会发展和吸引外资有着重要影响。一些国家政府机构臃肿、效率低下、贪污腐败现象严重，甚至利用司法、行政手段打击，掠夺外商合法财产，随意制造各种审批、税务等投资和经营障碍。这些都在不同程度上加大了跨国企业的经营成本和投资风险。东道国政府干涉等行为所导致的危害外商直接投资的风险包括强制征收、合同违约、政策变动、限制措施、审批障碍、歧视待遇、腐败贪污等，发展中国家发生这一类政治风险的可能性一般要比发达国家大，造成这一状况的主要原因在于某些发展中国家对私有财产与外国企业财产缺乏严格的法律保护，加上这些国家政局变动频繁，使得外国企业对于是否在这些国家继续投资与经营不抱信心。因此，提高政府治理水平，优化营商环境对于吸引外商直接投资具有积极影响。

(五) 制度环境

近年来随着全球政治环境的起伏动荡，制度因素也成为外国直接投资不可忽视的影响因素之一。张建红和姜建刚的研究发现，东道国制度环境对企业对外投资风险具有十分重要的影响，良好的政治关系能够促进双边政治互信与合作，进而可以降低企业海外投资

---

[1] Globerman S., Shapiro D., "Governance Infrastructure and US Foreign Direct Investment", *Journal of International Business Studies*, Vol. 34, No. 1, 2003, pp. 19–39.
[2] 许真:《政府治理能力、融资障碍与 OFDI——基于新兴经济体 11 国的实证分析》,《经济问题》2017 年第 7 期。

的风险。① 东道国国家关于外商直接投资的政策体系和法律制度在完善性、连续性等方面存在较大差异。有些国家在行业准入、税收优惠、劳工管制等方面的政策法规并不健全，且政府部门执法和管理的弹性较大。这就导致外国企业正常经营的合法权益很难保障。许多研究认为，良好的制度环境可以吸引中国 OFDI。García-Canal 和 Guillén 认为，跨国公司会避免到宏观经济不确定性高的国家，因为东道国稳定的政治环境可为跨国企业经营提供安全可靠的发展环境，使企业规避政局动荡、战乱、经济大幅波动等各种风险。② 也有些研究的结论与此相反，认为中国企业更喜欢到制度环境相对较差的东道国投资，Ramasamy 等认为国有企业的这种风险偏好更加明显。③ 在一些腐败问题频发的国家，由于规制制度不健全和政府监管不到位，时常给企业的投资经营活动带来困扰，使企业游走在违法的边缘。这类政治风险涉及企业能否更快更好地融入当地社会，并获得当地政府的保护，但其防范成本也会更高。此外，一些东道国政府也常常以国家安全等为借口，采取贸易保护主义行为，频繁搜查跨国企业，干预和限制跨国企业正常的生产经营活动，甚至找借口没收企业财产。在制度因素方面，东道国吸引外国直接投资流入量的重要因素包括监管质量。

（六）宗教和民族矛盾

由于历史和现实的原因，世界部分区域宗教对国家政治、社会、文化等方面具有非常大的影响力，甚至出现政教合一、宗教干预政治的突出情况。中亚地区的许多国家虽然都信仰伊斯兰教，但是存在多个教派，教派之间的观念差异较大，矛盾突出，冲突不

---

① 张建红、姜建刚：《双边政治关系对中国对外直接投资的影响研究》，《世界经济与政治》2012 年第 12 期。
② García-Canal E., Guillén M. F., "Risk and the Strategy of Foreign Location Choice in Regulated Industries", *Strategic Management Journal*, Vol. 29, No. 10, 2008, pp. 1097 – 1115.
③ Ramasamy B., Yeung M., Laforet S., "China's Outward Foreign Direct Investment: Location Choice and Firm Ownership", *Journal of World Business*, Vol. 47, No. 1, 2012, pp. 17 – 25.

断,成为政局动荡的重要原因。例如,印度尼西亚、巴基斯坦、伊朗、尼日利亚、苏丹等国家的宗教干预政治情况相对突出。同时,民族问题和宗教问题相互叠加,互相交织在一起,形成错综复杂的关系,对政治稳定形成巨大挑战。由于宗教与民族的紧密联系,宗教信仰从多方面渗入各民族、部落的生活当中,对当地政治和经济产生重大影响。赵伯乐和杨焰婵的研究发现,在现代南亚,宗教政治化破坏了该地区的民族团结和国家统一,造成政局动荡不安,[①]这在很大程度上将影响企业在南亚的对外投资决策和行为。"一带一路"沿线国家之间民族宗教各异,文化差异较大,一些国家内部的宗教和民族矛盾尖锐,政府对事态的控制往往处于弱势地位,导致一些部族势力割据一方。例如,在100余个民族和部族生活的中亚地区,一直以来都是世界上各种民族文化、思想观念、宗教信仰相互冲突最为激烈的地区之一,这些地区政局时有发生动荡,一些对外投资项目经常被当地宗教极端势力袭扰,绑架勒索事件层出不穷。从某种意义上来讲,地缘相近国家之间的宗教、民族、文化、习俗等具有相似性,虽然有国别的差异,但共同的宗教信仰能够为企业对外投资提供文化基础和条件。例如,丝绸之路经济带上的国家大都是伊斯兰教和佛教的信众,这些宗教的往来为对外投资奠定了民心相通的基础,有助于企业的对外投资与经营活动。

二 经济风险

经济风险(Economic Risk,ER),是指经济环境的变化对跨国企业造成的负面影响,如经济增长水平、经济波动、货币自由度、贸易条件、商业自由度、税务负担、投资开放度和自由度等。经济风险有时也可以分为宏观经济风险与微观经济风险。宏观经济风险对于不同行业和不同外国企业的影响是不同的,对宏观经济风险的

[①] 赵伯乐、杨焰婵:《宗教政治化对南亚地区政治的影响》,《世界历史》2012年第4期。

分析与测度总是建立在特定行业的基础之上，这又是以微观经济风险为基础的。微观经济风险是指所有可能引起行业或企业产生负面影响的事件，包括这些特定行业或特定外国企业在市场方面遇到的各种不稳定因素。经济环境的变化可能会干扰到跨国企业的日常经营，为企业的日常经营带来风险。

（一）经济发展水平

东道国的经济发展水平是外商投资的基础条件。研究发现，外商投资者在不同经济发展水平国家进行 OFDI，其投资动因往往不一样。发展中国家的企业到发达国家投资，其主要目的是获取发达国家的科技资源，以促进经济增长。而发达国家的企业到发展中国家投资，其主要目的是获取消费市场，以及低成本的劳动力和资源。例如，Galan 等对西班牙的 OFDI 进行了实证研究发现，西班牙在发达国家的 OFDI 往往是资源寻求型的投资动因，而在相对落后国家的 OFDI 往往会更多地考虑社会文化因素。[①] 目前，全球经济发展的不均衡性和结构性问题依然突出。一方面，许多传统的发达国家面临经济增长乏力的问题，发展前景并不明朗；另一方面，许多发展中国家的经济发展水平仍然相对滞后，基础设施的水平也比较落后，产业结构较单一，主要依赖于矿产和资源出口。中国作为世界第二大经济体，经济增长速度稳定，这一方面给中国 OFDI 带来了机会，但另一方面也意味着不确定性的风险隐患。

（二）经济波动

东道国的经济波动也会给外商投资带来巨大的挑战。一方面给投资者带来了不稳定的预期，另一方面必然会增加跨国企业经营的成本，降低企业的经营利润。经济波动在世界各国的经济发展中具

[①] Galan J. I., Gonzalez-Benito J., Zuñiga-Vincente J. A., "Factors Determining the Location Decisions of Spanish MNEs: An Analysis Based on the Investment Development Path", *Journal of International Business Studies*, Vol. 38, No. 6, 2007, pp. 975 – 997.

有普遍性，并呈现出周期性和不确定性。经济波动的跨国传导渠道之一就是外商直接投资，如果东道国的经济形势出现下滑趋势，跨国公司可能会减少对经济下滑国家的投资或撤回部分投资，从而进一步给东道国的经济带来负面影响。经济波动情况通常表现在投入产出的变化、物价的涨跌、经济增长的波动、利率的波动和汇率的波动等方面。例如，汇率波动就是一个影响外商投资的关键因素。由于汇率的波动会营造更加不确定性的经济环境，给投资者带来不安的预期，则会降低外国投资的投资意愿。[1] 这一观点也被许多研究所证实。[2] 例如，Schmidt 和 Broll 利用美国的 OFDI 数据进行实证发现，汇率波动与 OFDI 呈现出负相关关系。[3] 当然，也有研究认为东道国的汇率波动并不会显著影响外商投资，比如 Kolstad 和 Wiig 就发现中国的 OFDI 与东道国汇率的相关关系并不显著，一个可能的解释是不同研究者选择的样本数据差异导致的。[4] 总而言之，作为经济环境的一个重要方面，东道国经济的波动性必然引起外国投资者的高度重视，因而，东道国应保持经济平稳增长，以减少经济波动对外商直接投资的影响。

(三) 金融发展水平

较好的金融发展水平、金融体系的稳定性和可靠性是任何企业开展经营活动的基础条件。Manova 认为，东道国的金融发展水平较为低下、金融市场尚不发达、金融自由度也不高，这些融资约束会提高企业

---

[1] Papadopoulos A. P., Zis G., "A Monetary Analysis of the Drachma/ECU Exchange Rate Determination, 1980 – 1991", *Empirical Economics*, Vol. 25, No. 4, 2000, pp. 653 – 663.

[2] Campa J. M., "Entry by Foreign Firms in the United States Under Exchange Rate Uncertainty", *Review of Economics & Statistics*, Vol. 75, No. 4, 1993, pp. 614 – 622; Medvedev D, "Beyond Trade: The Impact of Preferential Trade Agreements on FDI Inflows", *World Development*, Vol. 40, No. 1, 2012, pp. 49 – 61.

[3] Schmidt C. W., Broll U., "Real Exchange-rate Uncertainty and US Foreign Direct Investment: An Empirical Analysis", *Review of World Economics*, Vol. 145, No. 3, 2009, p. 513.

[4] Kolstad I., Wiig A., "What Determines Chinese Outward FDI?", *Journal of World Business*, Vol. 47, No. 1, 2012, pp. 26 – 34.

的固定成本或者可变成本,从而将会影响到企业的外贸和对外直接投资决策。[①] 企业对外直接投资对资金的数量和质量要求较高,需要外部资金的支持,尤其是母国金融机构的支持。但是,由于投资国外面临更多的不确定性和更大的风险,导致金融合同的违约风险高,企业更难获得母国金融机构的支持。因此,东道国的金融发展水平对吸引外商投资显得尤为重要。如果东道国金融发展水平低和相关的保护制度不完善,外商投资者将投入更多的监督成本,增加投资的风险,一定程度上会抑制企业的对外投资规模。Desbordes 和 Wei 的研究表明,在母国和东道国金融发展水平都高的国家,对于资金依赖程度高的行业,其双边对外直接投资的流量较大,并强调了东道国和母国完善的金融系统对 OFDI 活动的重要意义。[②] 对于许多发展中国家,甚至新兴经济体国家而言,较为脆弱的金融体系,过高的银行不良贷款占比给外商投资者带来了巨大的风险。甚至有些国家由于经济发展低迷,政府财政赤字严重,国内失业率水平较高,这就往往会导致东道国政府偿债能力低下,深陷主权信用和主权债务危机,严重时将不可避免地引发国家金融危机。因此,中国企业在选择投资东道国时,必然要将东道国的金融发展水平作为一个重要的考虑因素。

(四)营商环境

营商环境是企业在对外直接投资过程中面临的各种周围境况和条件的总和,主要体现为商业自由度。对于营商环境的评价,目前学术界一般采用世界银行的《营商环境报告》(*Doing Business*)指标作为评价依据。[③] 从世行发布的《2017 年全球营商环境报告》

[①] Manova K., "Credit Constraints, Heterogeneous Firms, and International Trade", *The Review of Economic Studies*, Vol. 80, No. 2, 2013, pp. 711 – 744.

[②] Desbordes R., Wei S. J., "The Effects of Financial Development on Foreign Direct Investment", *Journal of Development Economics*, Vol. 27, 2017, pp. 153 – 168.

[③] Kejžar K. Z., "The Role of Foreign Direct Investment in the Host-country Firm Selection Process: Firm-level Evidence from Slovenian Manufacturing", *Review of World Economics*, Vol. 147, No. 1, 2011, pp. 169 – 193.

(*Doing Business* 2017)可以看出,国别营商环境评级指标主要包括开办企业、办理执照、获取电力、登记财产、获得信贷、保护中小投资者、缴纳税款、跨境贸易、执行合同、办理破产、劳动市场监管等11个方面的指标。这些指标主要体现为投资的便利化水平,通过优化投资政策,简化审批程序,为外商投资者提供稳定和透明的投资环境,将会进一步提升投资者的投资信心。周超等研究发现,开办企业、建筑许可等五个方面有利于促进中国对外直接投资,获得信贷对中国对外直接投资起到负向作用,而登记财产、保护少数投资者和缴纳税款则对中国对外直接投资不具有影响。[①] 企业开展对外直接投资活动将面临完全不同的商业环境,这些环境条件将直接影响企业投资的成败。因为企业对外直接投资的主要目的在于实现利润最大化,投资便利化的营商环境将为企业实现利润最大化提供支持,避免因市场环境不完善而引发的投资风险。另外,在法律法规等制度的影响下,企业对外投资面临着因不能正常履行合同而出现的法律风险。尤其是在一些发展中国家,由于法律法规不健全,加之政府公信力不足,导致投资项目搁浅和违约的情况时有发生。例如,墨西哥政府取消中资企业的高铁项目、斯里兰卡叫停中资企业的港口建设项目、哥斯达黎加终止中资企业的炼油厂建设项目等。在这些情况下,企业往往会无法及时拿到当地政府应支付的费用,甚至出现投资失败破产的情况。

（五）投资保护政策

联合国贸易和发展会议发布的《世界投资报告》明确指出,保护主义抬头已经成为影响全球贸易和投资的重要障碍。20世纪80年代以来,各国政府为应对外来投资,保护国内产业的发展,纷纷出台各种法律法规并形成投资保护政策体系,以美国最为典型。当

[①] 周超、刘夏、辜转:《营商环境与中国对外直接投资——基于投资动机的视角》,《国际贸易问题》2017年第10期。

前，欧美不少国家出现"逆全球化"的倾向，以国家安全审查、行业准入限制、反垄断审查、反倾销、反补贴等为由出台各种显性和隐性的保护主义措施，给中国企业带来了不公平的投资环境，影响了中国企业的正常贸易和投资行为。从企业角度来说，东道国的投资保护政策破坏了企业的正常商业投资行为，妨碍了资源在全球的配置。同时，投资保护政策还容易形成"羊群效应"，导致相关的多个国家开展投资保护主义竞赛。更加严重的是，部分西方国家民粹主义高涨，将本国的经济萧条和失业问题归咎于外国企业的所谓不正当竞争，把斗争的矛头纷纷指向外国投资企业，这给中国企业带来了严重的负面影响甚至直接的人身财产损失。签订和升级双边投资协定（BIT）以及其他双边投资保护政策是促进和保护中国企业在东道国投资的重要手段。因而，不断优化和提升投资保护措施，对于中国企业而言是对外投资的极为重要的政策条件。

三 社会风险

社会风险（Social Risk，SR），是指东道国中存在的可能引发社会冲突和不稳定的因素，这些因素可能会对跨国企业构成价值损害。一般而言，政治风险与经济风险通常是跨国企业在对外直接投资前期关注的重点，而社会风险则往往是跨国企业在融入当地社会时急需解决的关键问题。社会风险主要包括社会环境、社会安全稳定、法治环境、劳动自由、失业情况和贫富差距等。很多西方学者认为，发展中国家存在很大的社会不稳定、法律不健全等社会风险。但是，相对于发展中国家而言，发达国家的社会风险不仅并不少见，而且其内部存在的社会风险对世界经济的负面影响要比发展中国家大得多。

（一）社会环境

广义的社会环境因素，是指由非政府组织引起的政治风险，会直接或间接影响外商直接投资活动。前者包括社区、环保、工会等组织对投资项目采取的直接阻挠、抗议甚至破坏等极端行为。尤其是工会团体、社区组织、志愿组织、环保志愿者等社会组织的诉求和相关活动会直接引发社会风险,甚至间接产生政治风险,最终导致企业投资失败和损失。后者包括内乱、政变、恐怖主义、宗教或种族冲突等,会间接干扰甚至严重破坏企业正常的生产经营秩序和环境。例如,中亚、非洲等地部分国家和地区的安全形势不容乐观,恐怖势力、极端势力、宗教冲突以及反政府武装组织长期活跃,社会环境风险异常突出。张锐连和施国庆采用案例分析方法发现,对外投资项目的社会风险要素主要分为宏观风险和微观风险,前者包括政治风险、经济风险和法律风险,而后者包括宗教、征地补偿、非自愿移民、劳工保障和就业机会等方面。[①]

(二)社会稳定

产生社会风险的根源更多的是东道国的经济和社会因素,而非政治因素。许多研究肯定了社会安全之"稳定程度"要素对外国直接投资的正面影响。吴白乙和史沛然认为,社会安全取决于东道国政府的综合治理能力,这种能力与党派、政治倾向、政体和民主化程度没有必然联系。在经济方面,一些国家中以反对党、行业协会、工会为代表的非政府组织通过罢工、抗议集会等方式来表达对外商的不满,其主要原因在于保护国内就业。在全球经济进入低速增长时期,国际就业形势变得十分严峻,过高的失业率成为威胁社会稳定的隐患。近年来,西方国家工人的罢工浪潮一浪接过一浪,严重影响了经济发展和社会秩序。例如,一些欧洲国家的工人通过大罢工要求政府采取行动稳定就业,保护国内工人就业和社会保障,他们将反对矛头对准外商投资企业,认为外资企业是导致本国企业经营困难和工人失业的罪魁祸首。因此,这些国家的工会等各

---

① 张锐连、施国庆:《"一带一路"倡议下海外投资社会风险管控研究》,《理论月刊》2017年第2期。

种社会组织往往会采取各种合法乃至非法的手段来排挤外资企业，并向本国政府施压，推动政府实施投资与贸易保护政策。面对工人罢工、打砸抢等恶性社会事件，一些国家政府对社会风险管控能力不强，导致事件进一步恶化，严重威胁外商投资的投资积极性和人身财产安全。更加让外资企业感到担忧的是，一些东道国国家的政府机构往往会偏袒这些滋扰和破坏行为，有的甚至暗中给予支持和鼓励。更加严重的是，一旦这些抵制活动引起政府相关投资政策的变化，就可能使外资企业失去政府合法的保护，从而使外资企业面临更大的经营挑战和投资风险。在社会方面，社会治安是评价社会安全稳定的重要指标，主要包括社会秩序、公共安全行为，以及各种不安定因素，尤其是国际犯罪率。例如，拉丁美洲等地是当今世界上犯罪率最高的区域之一，但是随着人口结构等条件的变化，拉美国家的社会稳定程度日益增强，投资的社会环境也日益改善。[①]因此，犯罪率是投资决策的重要参考之一，将直接影响投资者投资偏好。

（三）法律环境

长期来看，改善法律环境是经济持续增长的重要制度前提。万良勇通过研究法治环境与企业投资效率的关系发现，法治水平高的地区，上市公司投资不足的程度更低，并且有利于提高投资效率。[②]随着国际资本市场的日趋活跃，知识产权保护和劳动自由对 OFDI 影响的问题引起了广泛的关注。Seyoum 的实证研究表明，东道国知识产权保护水平与 OFDI 流入量存在显著的正相关关系，完善的知识产权保护能鼓励知识产权持有者开展贸易和投资。[③] 知识产权

[①] 吴白乙、史沛然：《社会安全与贸易投资环境：现有研究与新可能性》，《国际经济评论》2015 年第 3 期。

[②] 万良勇：《法治环境与企业投资效率——基于中国上市公司的实证研究》，《金融研究》2013 年第 12 期。

[③] Seyoum, B., "The Impact of Intellectual Property Rights on Foreign Direct Investment", *The Columbia Journal of World Business*, Spring 1996, pp. 50 – 59.

保护制度已经成为支持技术创新与商业模式变革的基础性条件。一个国家或地区有效的知识产权保护制度将影响企业的投资决策和行为，如果企业的创新成果得不到相应的保护，企业也就失去了投资的动力。当然，知识产权保护制度并不是吸引外企投资的唯一因素。武娜和刘晶的研究表明，总体而言，中国企业对东道国知识产权保护制度的要求会根据东道国的不同而采取不同标准，通常更加偏好那些知识产权保护体系较为完善的国家。[1] 此外，东道国的劳工保护制度也会对外资企业的投资活动产生重要影响。世界银行把劳动力市场法律法规定义为平衡劳工权利的需求和增加劳工市场自由度的需求。企业进行对外投资时，往往对东道国的法律法规缺乏了解，面对与母国完全不同的环境，一旦发生纠纷，便会遇到相应的法律风险。由于各国劳工制度、产权保护、财务制度、登记制度以及税收制度的不同，企业对外投资面临着极高的法律风险。在一些发展中国家，政府可以调整国内法律和政策，从而侵犯外籍劳工的权利，甚至没收外国投资者的资产。因此，东道国需要建立完善的劳工法律法规，通过持续的作为或不作为来有效实施劳工法，以降低投资风险并鼓励境外投资者设立、收购、扩张或保留。

（四）文化环境

文化风险主要是指中国与东道国之间的文化差异给中国 OFDI 带来的不确定性。Kogut 和 Singh 认为，文化风险是影响企业跨国经营的重要因素。许多投资失败案例都是由于文化冲突而造成的，即使管理良好的公司也可能因国际化员工和文化冲突而造成损失。[2] Evans 和 Mavondo 认为，文化风险的关键要义在于母国与东道国之

---

[1] 武娜、刘晶：《知识产权保护影响了中国对外直接投资吗？》，《世界经济研究》2013 年第 10 期。

[2] Kogut B., Singh H., "The Effect of National Culture on the Choice of Entry Mode", *Journal of International Business Studies*, Vol. 19, No. 3, 1988, pp. 411–432.

间文化上的差异会导致经营管理的冲突。[①] 跨国公司的投资模式主要包括新建或收购两种类型,文化差异会对跨国公司的投资进入模式产生重大影响。在文化差异较小的情况下,收购能够将成本最小化并减少投资风险。而在文化差异较大的情况下,文化差异导致东道国的员工希望避免冲突,新建是最理想的投资进入模式。另外,文化差异还会对跨国公司在东道国子公司的持股比例上产生重要影响。在存在文化差异的情况下,会增加跨国公司的投资交易成本和发展风险,为减少交易成本和降低风险,跨国公司一般会选择更大的持股比例和控制权。因此,通过提高持股比例,跨国公司能够对投资业务进行严格控制和管理,降低文化差异和价值观念不同造成的影响。因此,文化差异越大意味着价值观和行为方式就越不一样,可能导致的冲突也就越大,故而外国企业面临的文化风险也就越高,给企业带来的不确定性损失也就会越大。[②]

四 对华风险

对华风险(Risk of Relation with China,RR)以国家特定风险为主的非经营性风险,包括双边政治关系、投资贸易关系、税收关系、人文交流和互勉签证等。对华风险对中国 OFDI 的影响相对较大,而其中良好的双边政治关系能有效缓解这些非经济风险。中国与世界上大多数国家,尤其是以新兴经济体为代表的发展中国家有着良好的双边及多边政治关系。这种良好的双边政治关系可以减少中国企业在东道国经营的不确定性,有效地防范中国对外直接投资

[①] Evans J., Mavondo F. T., "Psychic Distance and Organizational Performance: An Empirical Examination of International Retailing Operations", *Journal of International Business Studies*, Vol. 33, No. 3, 2002, pp. 515–532.

[②] Kostova T., Roth K., "Adoption of an Organizational Practice by Subsidiaries of Multinational Corporations: Institutional and Relational Effects", *Academy of Management Journal*, Vol. 45, No. 1, 2002, pp. 215–233; Mezias S J, Chen Y R, Murphy P, et al., "National Cultural Distance as Liability of Foreignness: the Issue of Level of Analysis", *Journal of International Management*, Vol. 8, No. 4, 2002, pp. 407–421.

的政治风险。

(一) 政治关系风险

在东道国与母国的距离方面,政治关系决定政治距离,政治往来越频繁,关系越紧密,两国双边的政治距离也就越近。两国政治关系是一种非常重要的双边制度环境,良好的双边政治关系有利于促进两国的经贸和社会往来,并增加一国跨国公司相对于其他国家公司在另一国投资的竞争力和意愿,降低经营风险,这些政治联系包括两国间的双边条约、两国是否加入同一国际组织或区域性组织等。Hadjikhani 认为,两国间较紧密的政治联系会降低东道国对该国公司直接采取政治行动的可能性,并使东道国政府和社会更加乐于给予该国公司公民待遇或更加优惠的待遇,从而降低其所面临的政治风险。[1] 近年来,随着国际/世界经济复苏的乏力,一些国家出现经济民族主义和"逆全球化倾向",由此引发了一些东道国政府和社会团体的反跨国企业行为。赵明亮认为东道国反华情绪、与中国主权摩擦会影响中国企业 OFDI。[2] 由于地缘政治的原因,中国企业的海外投资行为遭受恶意丑化和排挤,使得某些东道国出现不同程度的排华行为,加剧了对外投资风险的发生。由于价值观念、意识形态、政治制度等方面的差异,个别东道国政府戴着有色眼镜看待中国 OFDI,借由非理性的"担忧"和"中国威胁论",对中国企业海外经营活动进行恶意的政治干预和人为限制,给中国企业带来了诸多非商业性障碍。杨连星等研究发现,短期的高层互访和双边投资协定能够提高企业对外投资规模和多元化程度。[3] 因此,在对外投资风险频发的背景下,可以在国家层面与东道国发展友好的

---

[1] Hadjikhani A., "The Competitive Behaviour of MNCs in the Socio-political Market", *International Journal of Business Environment*, Vol. 1, No. 1, 2006, pp. 24–50.

[2] 赵明亮:《国际投资风险因素是否影响中国在"一带一路"国家的 OFDI——基于扩展投资引力模型的实证检验》,《国际经贸探索》2017 年第 2 期。

[3] 杨连星、刘晓光、张杰:《双边政治关系如何影响对外直接投资——基于二元边际和投资成败视角》,《中国工业经济》2016 年第 11 期。

双边政治关系来降低海外投资的政治风险,扩大中国企业对外投资的规模,提升对外投资的绩效。

(二) 贸易关系风险

贸易与投资相互影响,相互促进。Contractor 和 Kundu 认为,双边贸易量的增加对于吸引对方国家的直接投资活动具有重要的促进作用。[1] 这说明两国间经贸联系的紧密程度对于两国间的国际商业具有很大影响,有利于对投资安全提供保障。Zhang 和 Zhou 认为,紧密的经贸联系意味着母国是东道国重要的商业贸易伙伴,这使得跨国公司对于东道国市场以及社会政治环境更加了解,也使得东道国政府和社会组织对来自该母国的跨国公司更加尊重,从而使其所面对的政治风险有所降低。[2] 频繁的双边贸易活动是母国企业获取东道国的市场和社会信息的重要来源渠道,而双边贸易量的提升是吸引 OFDI 流入的一个决定性因素。双边贸易量数据能够反映两国之间的投资关系,如果双边贸易量大,则说明两国之间的贸易依存度高,两国之间的投资关联也就越强,就越能够吸引跨国公司的直接投资。卢洪雨和张建兵的研究发现,中国制成品出口比重对 OFDI 有显著的促进作用,表明制成品的出口能够在发达国家形成市场开拓效应,进而拉动中国企业在发达国家的投资。[3] 因此,中国跨国企业进行 OFDI 需要考虑中国与东道国之间的双边贸易活动这一重要的影响因素。

(三) 投资关系风险

投资关系风险主要表现在双边投资协定(BIT)方面。双边在

---

[1] Contractor F. J., Kundu S. K., "Modal Choice in a World of Alliances: Analyzing Organizational Forms in the International Hotel Sector", *Journal of International Business Studies*, Vol. 29, No. 2, 1998, pp. 325 – 356.

[2] Zhang J., Zhou C., Ebbers H., "Completion of Chinese Overseas Acquisitions: Institutional Perspectives and Evidence", *International Business Review*, Vol. 20, No. 2, 2011, pp. 226 – 238.

[3] 卢洪雨、张建兵:《我国对外贸易结构对 OFDI 影响的研究——基于动态面板模型的实证分析》,《国际商务研究》2013 年第 34 期。

面对政治对话、战略与经济对话的同时，一般会签订相应的促进双边经济发展的投资或贸易协定。比如，双边投资协定就是双方为减少贸易摩擦、持续推动双方互惠合作而签订的协议，主要包括投资保护、市场准入、外汇资金转移、金融服务、法律法规透明度、争端解决机制、人权、环境保护、企业社会责任和可持续发展等条款。它作为一种制度安排，给两国企业的投资活动提供了制度层面的保护和促进措施，为投资争端的解决提供了法律依据，因而影响企业的投资决策和行为。易波和李玉洁使用中国OFDI的国别数据研究发现，双边贸易协定对促进对外直接投资的作用明显，尤其是在治理环境较差的国家，其促进作用更加明显。[1] 目前，中国已经与世界上130多个国家和地区签订了投资协议，这些协议为投资者提供了稳定、透明的投资环境，并推动了经济全球化的发展。

（四）人文关系风险

文化距离是东道国和母国在文化上表现出来的差异，是影响企业国际化决策的重要因素。双边的文化距离越小，中国对外投资越多。人文关系作为一种非正式制度，有利于拉近文化距离，促进文化交流，对外商投资的决策起着重要作用，了解并适应东道国的文化环境，拉近与东道国的文化距离对于外商投资企业降低经营风险具有非常重要的意义。一些研究表明，国家或地区之间的文化差异或文化距离越大，中国对东道国的投资就会越少。例如，Blomkvist和Drogendijk的研究就发现，中国企业OFDI和中国与东道国之间的文化差异呈现出负相关的关系。[2] 许和连等的研究也表明，两国文化差异较大将会增加投资风险，导致中国对其直接投资减少。[3]

---

[1] 易波、李玉洁：《双边投资协定和中国对外直接投资区位选择》，《统计与决策》2012年第4期。

[2] Blomkvist K., Drogendijk R., "The Impact of Psychic Distance on Chinese Outward Foreign Direct Investments", *Management International Review*, Vol. 53, No. 5, 2013, pp. 659–686.

[3] 许和连、李丽华：《文化差异对中国对外直接投资区位选择的影响分析》，《统计与决策》2011年第17期。

在政治关系密切的国家之间，非政府组织、友好城市、孔子学院、留学生等交流频繁，对中国企业对外直接投资起着促进作用。尊重和了解东道国国家的传统文化习俗和商业活动惯例，有助于减少对东道国环境的陌生感、不适感和距离感，降低人文关系冲突的风险。姜建刚和王柳娟的研究发现，频繁的外交活动有利于对外直接投资的发展，尤其是领事馆越多、城市外交和民间外交越频繁，越有利于提高对外直接投资。[①] 文化的交流有助于减少中国对外投资的风险并增大对外直接投资的规模。孔子学院作为加强中外交流与友谊的重要平台和桥梁，对世界各国了解中国文化发挥着重要作用。刘希等的研究表明，通过孔子学院的开展，可以加强与东道国社会的文化交流，缩短与东道国的文化距离，降低中国企业投资经营的风险，并促进中国 OFDI 的发展。[②] 同时，文化因素作为影响企业对外投资决策的重要因素之一，直接关系到企业 OFDI 的成败和绩效。[③] 因此，积极与东道国开展非正式交往，结成友好城市，开办孔子学院，加强文化交流，可以增进两国之间的理解，降低中国在海外的投资风险。

（五）税收关系风险

对外直接投资不仅面临自然条件的限制，还受到复杂的政治、经济、文化等方面的影响，而不同国家和地区之间税收制度差异带来的风险也不容忽视。无论是投资母国还是东道国，其税收法律环境都在不断变化与调整，增加了企业对外直接投资的不确定因素。调查显示，2014 年 50 家赴美经营的大企业，有 42.5% 的企业在美

[①] 姜建刚、王柳娟：《经济制度与 OFDI 的关系研究》，《世界经济研究》2014 年第 1 期。
[②] 刘希、王永红、吴宋：《政治互动、文化交流与中国 OFDI 区位选择——来自国事访问和孔子学院的证据》，《中国经济问题》2017 年第 4 期。
[③] 阎大颖：《国际经验、文化距离与中国企业海外并购的经营绩效》，《经济评论》2009 年第 1 期。

遇到了税务争议或歧视待遇。① 在企业以产品或劳务输出为主的对外投资过程中，面临的税收风险包括关税、可能发生的反倾销税、增值税退税等。如果以成立新企业的方式进行投资，则应考虑东道国公司法及相关税法变化带来的风险。由于不了解东道国相关税收政策，导致中国许多"走出去"企业面临多重税收，遭遇税收歧视等问题。尤其是一些发展中国家，税收制度不完善、缺乏国际税收经验，自由裁量权较大，税收环境不好。为改善税收关系，降低对外投资风险，中国与多个国家签署了税收协定，利用情报交换机制和金融账户信息自动交换机制，提高对外投资的税收透明度，但在具体实施细节上依然存在争议。如果对税收风险防范不到位，可能导致对外投资企业在纳税方面处于不利地位，甚至导致企业破产清算。曾文革和白玉认为，国际税收协定具有消除国际税制差异、化解税收冲突、降低税收风险的功能，是国际税收合作的主要方式，但目前中国与"一带一路"沿线国家签订的税收协定在数量与内容上均有欠缺，功能不足。② 对外投资企业在"走出去"过程中可能面临较大的税收风险和税收成本，从而放弃投资。因此，加强国家或地区之间税收合作关系，加快税收协定商签，与更多的国家签订税收饶让条款，可以提升企业海外投资的竞争力，促进资本的国际流动。

第三节　中国对外直接投资国家风险成因与机理

世界各个国家与中国存在复杂的政治、经济、社会关系，而中

---

① 人民网：《中国与八成一带一路国家签署税收协定解决走出去难题》，http://world.people.com.cn/n/2015/0727/c157278-27366233.html.，2015年7月27日。
② 曾文革、白玉：《论"一带一路"战略下我国对外投资的税收制度安排》，《江西社会科学》2017年第5期。

国 OFDI 面临着包括政治风险、经济风险、社会风险、对华风险在内的国家风险因素。因此，为了充分认识国家风险对中国 OFDI 的影响，有必要对中国 OFDI 与国家风险之间的理论联系进行研究，进一步拓展中国 OFDI 的研究领域。

近年来，随着中国经济的快速发展，中国 OFDI 规模和水平也显著提升。伴随对外直接投资增长的是各种在决策、建设及运行过程中出现不利结果的不确定性因素，这些因素在一定程度上影响了中国经济，乃至世界经济的进一步增长。尤其是东道国各利益相关者的利益诉求是中国 OFDI 面临的最大的不确定性因素。有效治理中国 OFDI 的风险，首先要厘清中国 OFDI 的风险因素和风险主体。中国 OFDI 的风险因素是多方面因素造成的，既有中国企业行为不规范的原因，又受到母国政府、东道国政府及其地缘政治等因素的影响。从本质上看，中国 OFDI 风险是由企业层面和国家层面双元结构共同作用的结果。中国对外直接投资的风险因素可以概括为母国因素、东道国因素和企业因素三个层面，这三种因素引致了中国对外直接投资的母国特定风险、东道国特定风险和企业特定风险。因此，中国 OFDI 风险治理必须考虑企业行为和政府行为的影响，从而厘清母国层面、东道国层面和企业层面的风险致因机制。[1]

一 风险成因分析

（一）母国因素

随着中国经济供给侧结构性改革的持续推进和转型升级的现实需要，中国的对外直接投资（OFDI）在 2015 年首次超过了外商对华直接投资（IFDI），而且中国对外直接投资区域从发达国家扩大到发展中国家，投资方式由并购逐渐转向创立自主产品和品牌。但

---

[1] 赵德森：《中国对东盟投资项目风险生成及防控机制——基于东道国利益相关者的分析》，《经济问题探索》2016 年第 7 期。

是，跨国企业对外直接投资不可避免地将会受到国内因素的影响，因此产生国内特定风险因素，这些风险因素主要包括政府政策不健全、法律法规缺失、投资领域集中、国际化人才缺乏。

所谓国内特定风险，是指由于国内政府行为给中国企业 OFDI 项目带来的不确定性，主要包括决策风险和管控风险两个方面。其一，决策风险。中国海外投资主体日益多元化，而由于受国内政府投资体制机制的限制，对外投资的审批制度仍不规范，致使中国企业在海外投资的产业分布和区域分布十分随机和无序，由此产生了投资决策风险。其二，管控风险。中国海外直接投资以国有资本为主，在经营管理方面受到政府相关部门的制约，国有企业的投资决策受到政治的影响很大，导致其所有者目标和经营者目标存在差异，内部的治理缺陷一定程度上影响了国有企业在国际上的竞争力，从而增加了企业经营的不确定性。

在法律法规方面，虽然中国已经初步建立了境外投资管理制度，但在世界经济快速发展和中国"一带一路"建设不断推进的背景下，对外投资的立法还不完善，对外投资的管理还处在规章制度层面。欧美发达国家基本都形成了一整套本国企业海外投资的保护体系，但中国的海外投资利益保护体系还比较碎片化，审批复杂、对外投资风险化解机制不完善、事后管理不到位等对中国海外投资造成了不利影响，对于中国对外直接投资健康有序发展非常不利。

在投资领域方面，中国 OFDI 领域往往涉及能源、基础设施、资源类项目，这极易引起东道国利益相关者的政治联想，因而具有较大的政治敏感性。此外，中国对外国的投资规模越来越大，投资额相对所投资地区的经济总量比例也越来越高。这也会对投资目的地国家的民众带来较大的心理冲击，引起部分利益相关者的不安情绪。[①]

---

① Zhao S., "A Neo-Colonialist Predator or Development Partner? China's Engagement and Rebalance in Africa", *Journal of Contemporary China*, Vol. 23, No. 90, 2014, pp. 1033 – 1052.

在国际化人才方面，虽然国内各大高校意识到了国际化人才培养的重要性，并积极开展国际教育合作，但基本处于语言培养的初级阶段，复合型人才还比较缺乏。尤其是对东道国文化、经济、社会、法律等情况熟悉的国际化人才尤其匮乏，这是中国企业对外投资过程中的软肋。除此之外，中国对外投资企业由于受传统观念和管理机制的影响，国际化人才的薪酬福利远远低于外企，造成稀缺的复合型人才大量流失。由于缺乏相应的国际化人才，中国企业在对外直接投资过程中会受到很多限制，面临诸多风险。

由于企业投资行为的价值追求与政府的战略目标在很大程度上并不完全一致，企业投资行为的局限性总是不同程度地影响到国内政府目标的实现，也即企业的自利性往往背离政府宏观调控的目标。中国企业在对外投资项目风险管理中的能力不强，加之许多风险是企业层面无法有效防控的。跨国企业对外直接投资的绩效并不仅仅取决于企业自身的经营决策，而且必然受到国内政府投资决策、政策制度、法律法规及人才环境的影响。总之，国内政府对海外投资企业享有一定的管辖权，与这种管辖权相对应，国内政府对本国企业的海外经营行为应当承担相应的管制责任。

（二）东道国因素

近年来，全球进入了一个地缘政治冲突、恐怖袭击、政局动荡的高发时期，几乎每个月都有重大地缘政治事件爆发。此外，全球极端宗教势力和恐怖主义蔓延的负外部性也在凸显，上述趋势客观上加大了中国企业海外投资的风险。在发达国家经济增长低迷的情况下，民粹主义和贸易保护主义的呼声越来越高，发达国家为促进自身就业收紧了对中国企业准入的审查。同时，部分发展中国家社会矛盾不断激化、政治风险不断攀升，为中国企业的进入带来了巨大成本和风险。以上这些因素都可以归纳为与中国 OFDI 的直接相关的各种利益相关者，包括东道国政府和官员，宗教、民族和反政府组织，社会组织与媒体，当地社区和民众，雇员和工会，竞争者、供应商与顾客等。

此外,东道国的市场规模、资源的丰裕度、工资水平、产业技术水平、进入成本、制度环境、投资保护政策等都是国家风险形成的主要因素。东道国的市场规模越大,跨国公司能够获得更多的市场份额与利润,投资风险越小,对跨国公司投资的吸引力也就越大。中国企业的投资方向逐渐向资源寻求型转变,东道国劳动力资源、技术资源、自然资源的密集程度将成为中国企业对外投资的选择依据之一。如果东道国劳动力成本高,进入的手续烦琐、时间长,制度环境不够健全,那么将导致中国对外投资的转移。同时,东道国对外来投资加以保护,将更有利于吸引中国对外投资,降低中国OFDI的投资风险。

(三) 企业因素

从"系统风险观"的视角出发,我们还应以系统的思维全面地考察中国OFDI企业层面风险生成的问题。企业层面风险是由于中国对外投资企业缺乏国际化经验而引致的风险,这是属于微观层面的风险。企业层次的风险主要是指企业的经营性风险,主要包括市场风险、技术风险、管理风险、社会责任风险等方面的因素。

其一,市场因素导致的风险。传统观点认为,对外投资风险是由于跨国公司的"议价实力衰减"(Obsolescing Bargain)造成的。[1]但是,就中国OFDI而言,除了这一基本原因外,更主要的是投资市场选择失败造成的。中国企业对外投资主要集中于欧美国家和中国的港澳台地区,对发展中国家的投资依然偏少,过于集中的市场导致中国企业重复设点,形成内部竞争的局面。此外,由于前期对东道国市场信息、文化习惯、法律法规了解不足,在新进入一些国家时导致海外投资的信息失灵,最终影响投资决策和行为。

---

[1] Vernon R., "Sovereignty at Bay: The Multinational Spread of U. S. Enterprises", *International Executive*, Vol. 13, No. 4, 2007, pp. 1-3.

其二，技术因素导致的风险。随着技术创新的不断发展，是否拥有核心技术和关键人才成为企业在国际舞台上竞争成败的关键因素。虽然中国企业的技术水平有所提高，但由于科技研发投入不足，技术创新依然落后于发达国家，导致海外投入项目的竞争力不强。此外，由于中国企业对外直接投资起步较晚，国内技术水平发展落后，企业在"走出去"过程中依然采用较为陈旧的技术，致使在海外生产的产品标准和质量都达不到国际标准，使得自己在国外竞争中处于不利地位。

其三，管理因素导致的风险。从企业层面看，部分中国企业经营管理方式的粗放和监管的薄弱，一些投资项目过分追求经济利益，没有有效处理当地社区和劳工的利益，引起了部分东道国社会公众的抵制，不仅导致投资失败，还可能直接损害中国的对外形象。究其根本，失效的原因是管理者没有对投资项目利益相关者的利益诉求和利益结构进行准确地把握和分析。此外，部分企业还缺乏全球发展思维，其对外投资目标和全球化发展战略不明确，很少利用东道国和母国的资源与市场来促进企业的发展，而只是将海外投资作为享受国内优惠政策的手段，尤其在鼓励企业对外投资的环境下，一些中小民营企业为了获取国家投资补贴而对外投资，这些目的必然导致对外投资的失败。

其四，社会责任因素导致的风险。在当前环境破坏严重和社会责任意识盛行的时代背景下，越来越多的中国企业因东道国的环保措施而遭遇经营风险。从整体上看，中国企业在"走出去"过程中都能遵守东道国的风俗习惯、法律法规、工会诉求，注重与所在社区利益相关者的和谐发展。但仍有部分中国企业在履行社会责任方面存在问题，未将环境风险纳入企业社会责任管理体系，致使企业在投资决策方面缺乏环境风险评估，最终导致安全事故、破坏环境等现象发生。

因此，中国企业在对外投资时，有必要强化对市场的分析与理解，形成国际化经营理念，加强技术创新，增强社会责任和环保意识，深入分析企业自身可能造成的经营风险，进一步增强对抗风险的能力。

二 风险形成机理

鉴于历史、文化以及现实的原因，中国 OFDI 具有广泛性、多样性和复杂性的特点，呈现出多种风险叠加的风险特征。由于东道国政治经济环境复杂多变和中国企业应对不力，中国对外投资项目面临大量风险，这主要包括政治风险、金融风险、经营风险、技术风险、文化与管理风险、道德风险等因素。从表面上看，中国 OF-DI 风险主要是由于企业不熟悉东道国法律法规、文化差异、人身安全、恐怖主义、政治变动等引发的。究其本质，这些投资项目遭遇的风险是由于国家风险管理失效造成的。例如，部分企业往往只片面地重视处理与执政当局及部分高官的关系，严重缺乏与议会、工会、媒体、社区、反对派等其他利益相关者的沟通与合作，缺少承担社会责任的意识。这是因为中国企业在对外国投资时，往往将国内的投资经验照搬到国外，对东道国利益相关者的利益却有所忽视，从而引致了一些利益相关者的反对和阻碍，为中国企业 OFDI 项目带来了大量不确定性风险。此外，一些国有企业在公共外交、政治游说、媒体公关等方面存在问题，没有处理好各利益相关方的利益和关切。其实，任何投资项目的利益相关者都包括规范性的利益相关者和派生性的利益相关者，前者具有同公司运营直接关联的利益，而后者则会对组织具有潜在的影响。[1] 因此，除了关注执政当局的利益以外，中国企业还应重视社区、媒体、民众、劳动者等其他派生性的利益相关者的利益诉求，形成均衡的利益结构。虽然这些利益相关者不直接参与公司的经营管理，但是当企业作为或不

---

[1] Phillips R., "Stakeholder Legitimacy", *Business Ethics Quarterly*, Vol. 13, No. 1, 2003, pp. 25–41.

作为可能给其带来实际或潜在的利害影响时，它们也会反过来影响企业及其投资项目。①

中国 OFDI 国家风险来自母国、东道国和企业三个层面，而这三个层面的风险直接带来政治风险、经济风险、社会风险和对华风险，最终影响中国的对外直接投资决策和行为（如图 3—5 所示）。其中，母国因素和东道国因素共同构成了国家层面的风险成因。母国风险因素主要体现在政府政策不健全、法律法规缺失、投资领域集中、国际化人才缺乏等四个方面，而东道国风险因素可以归纳为与中国 OFDI 的直接相关的各种利益相关者，这些利益相关者的利益是否得到满足直接关系到政治风险、经济风险、社会风险和对华风险的大小。鉴于此，中国企业在进行对外直接投资时，一方面要准确识别和把握中国 OFDI 利益相关者的多样化利益诉求。一般情况，利益相关者的利益诉求主要包括经济利益、社会利益、政治利益等，其核心必然是经济利益。另一方面，要从投资项目利益相关者的利益结构出发，重视中国 OFDI 的利益相关者的利益分配及其相互之间的博弈关系，进而构建利益相关者的利益共享与利益协调机制。

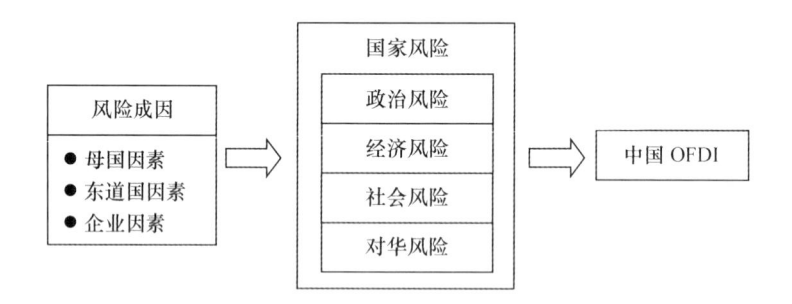

图 3—5 中国 OFDI 国家风险形成机理

---

① Donaldson T., Preston L. E., "The Stakeholder Theory of the Corporation: Concepts, Evidence, and Implications", *Academy of Management Review*, Vol. 20, No. 1, 1995, pp. 65 – 91.

第四节　本章小结

本章首先较为全面地揭示了中国 OFDI 的经验事实及其风险表征，通过分析发现，中国 OFDI 总量的持续增长不仅能够促进区域经济发展，而且对于解决中国"产能过剩"问题、促进中国产业结构优化升级具有重要意义。其次分别从总量和结构的视角对中国 OFDI 活动的特征进行了深入剖析，对其遭遇的国家风险进行了梳理和识别。中国 OFDI 国家风险不仅包括传统意义上的政府信用和政府干预，还包括国家层面一切影响跨国投资的风险，这些风险包括一般的政治风险、经济风险、社会风险，还包括体现东道国国家环境的"中国因素"和"中国特征"，即对华风险。因此，本章结合中国企业 OFDI 的实际活动，将国家层面的风险识别分为政治风险、经济风险、社会风险、对华风险四个维度，将东道国对华双边关系纳入国家风险分析框架，进一步丰富和拓展 OFDI 国家风险的内涵，提出一个更加全面的理论分析框架。此外，本章还从母国、东道国和企业三个层面分析了中国 OFDI 国家风险成因及形成机理，这三个层面的因素引致了中国对外直接投资的母国特定风险、东道国特定风险和企业特定风险。企业特定风险是由于中国对外投资企业缺乏国际化经验而引致的风险，这是属于微观层面的风险，主要包括市场风险、技术风险、管理风险、社会责任风险等方面的因素。而母国特定风险和东道国特定风险是宏观层面的风险，主要包括国内政策不健全、法律法规缺失、投资领域集中、国际化人才缺乏等因素，以及东道国利益相关者给中国 OFDI 带来的投资风险。

第四章

中国对外直接投资国家风险测度模型构建

第一节 测度模型的设计

一 模型原理

（一）反映中国 OFDI 真实投资活动

以往的国家风险测度模型大多从宏观层面出发，偏重于考察东道国国家的主权信用和偿债能力，对具体的、真实的外商投资活动刻画不足。因此，在模型设计过程中，首要的任务就是针对真实的企业经营活动，把影响投资企业经营的各种国家层面的因素纳入模型中来。另外，本书以中国 OFDI 作为研究对象，构建的国家风险测度模型需要体现出"中国 OFDI"的特征。从这一目标来看，测度模型的指标应当能够反映出"中国—东道国"国家层面的特征。简而言之，中国与东道国之间的双边关系应当成为东道国国家风险的重要组成部分。

（二）揭示国家风险的内涵结构和发展趋势

国家风险是一个整合的概念，其内涵包括影响中国 OFDI 的各种国家层面的因素。由于这些因素具有复杂性、多样性和交互性等多种特征，所以难以对其进行简单定性。但是为了体现出理论模型的高度概括性，需要对这些风险因素进行归纳、整合与提炼，从而能够反映出国家风险的全部内涵。另外，国家风险的内涵不是一成不变的，在保证统计变量基本稳定的前提下，也应动态地体现环境的变化。而且，还应采用面板数据来动态地反映国家风险的发展趋势。

（三）科学合理地确定指标体系权重

科学合理地确定指标体系的权重是构建测度模型的又一关键环节。国际主流的国家风险测度机构，如标准普尔、穆迪等多采用加权平均的方法确定指标的权重。这固然简单方便，易操作性强，但是难以科学合理地反映不同指标的重要程度。在确定指标权重的过程中，需要坚持主观与客观相结合、定性与定量相结合的基本原则。

二 模型构成

中国 OFDI 东道国国家风险（Country Risk，CR）的测度模型包含政治风险（Political Risk，PR）、经济风险（Economic Risk，ER）、社会风险（Social Risk，SR）和对华风险（Risk of Relation with China，RR）四个模块，全面系统地反映了中国 OFDI 所面临的风险因素。在测度内容的选择上，考虑到理论分析、真实投资、数据的可得性等因素，将以上四个方面的内容纳入测度模型。

因此，中国 OFDI 国家风险如式（4—1）所示。

$$\text{Country Risk} = f(PR, ER, SR, RR) \qquad (4—1)$$

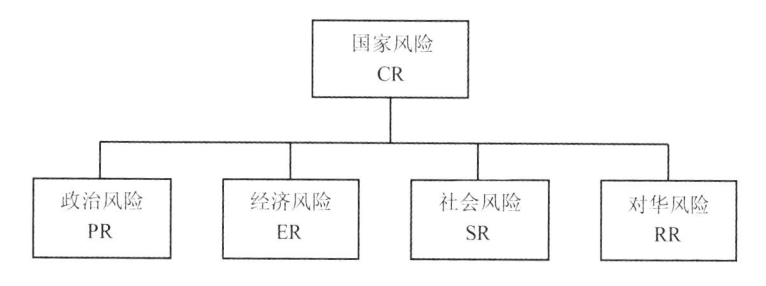

中国 OFDI 国家风险构成如图 4—1 所示。

图 4—1 中国 OFDI 国家风险构成

第二节 指标体系的选取

一 指标选取的原则

（一）全面覆盖和具体明确相结合

对于国家风险测度模型而言，需要构建一个完整的测度指标体系，全面覆盖每一类风险因素，不遗漏、不重复。另外，指标的选取还应具体明确，内涵明确，指向清楚，简单明了，真实而全面地刻画国家风险的基本内涵。

（二）定性指标和定量指标相结合

中国 OFDI 的国家风险，涉及东道国国家环境的方方面面。有些风险因素可以通过使用定量的数据来进行描述，而有些指标则只能通过专家意见法采集定性的数据。而且，很难有一个现成的统计数据涵盖所有的统计指标，这就需要采用各种调查手段来收集数据，并利用规范的统计方法对数据进行筛选和处理。

（三）理论分析和现实可行相结合

测度模型的构建来自理论分析，测度指标的选取首先需要满足理论上的严谨性和必要性。但是，指标的度量又应考虑数据获取的现实可行性。唯有如此，构建的测度模型才会同时兼顾理论价值和实践价值。这样的测度模型不仅可以拓展国家风险的理论分析框架，而且对中国跨国企业防控对外投资国家风险具有现实指导意义。

二 指标体系的确定

根据前文对中国 OFDI 东道国国家风险理论分析，借鉴相关研究成果，并在咨询专家意见的基础上，最终构建了一个由 1 个目标层、4 个子目标（一级指标）、40 个具体指标（二级指标）构成的中国 OFDI 国家风险测度指标体系（如图 4—2 所示）。构成国家风险的四个一级指标分别为政治风险、经济风险、社会风险和对华风险。

需要说明的是，由于指标数据的可得性限制，前文理论分析中所提到的部分风险因素暂时没有收集到符合数据质量要求的代理变量。因此，本指标体系没有完全覆盖前文的概念模型框架。当然，这也是本书有待进一步深入研究之处。

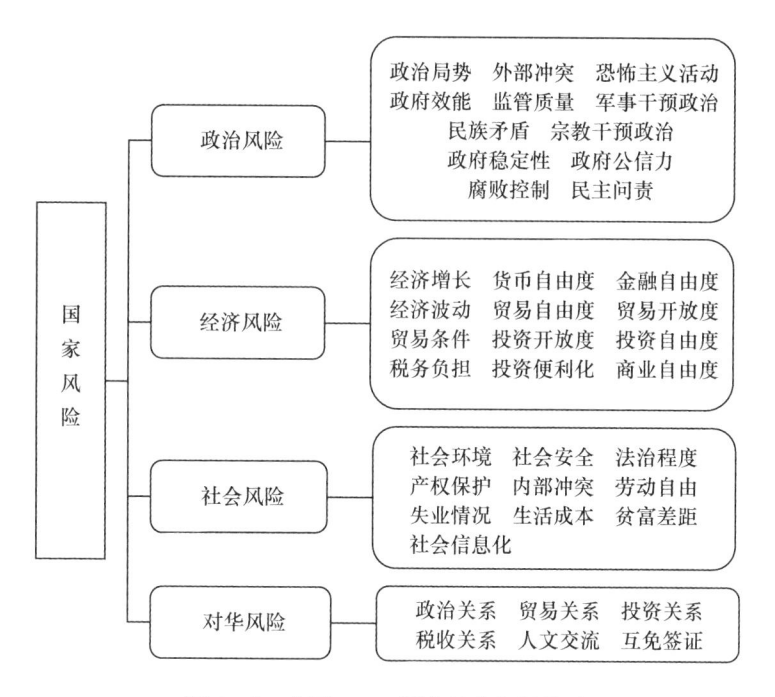

国家风险
- 政治风险：政治局势　外部冲突　恐怖主义活动　政府效能　监管质量　军事干预政治　民族矛盾　宗教干预政治　政府稳定性　政府公信力　腐败控制　民主问责
- 经济风险：经济增长　货币自由度　金融自由度　经济波动　贸易自由度　贸易开放度　贸易条件　投资开放度　投资自由度　税务负担　投资便利化　商业自由度
- 社会风险：社会环境　社会安全　法治程度　产权保护　内部冲突　劳动自由　失业情况　生活成本　贫富差距　社会信息化
- 对华风险：政治关系　贸易关系　投资关系　税收关系　人文交流　互免签证

图 4—2　中国 OFDI 国家风险指标体系

三　指标体系的释义

（一）政治风险

政治风险（Political Risk，PR）一级指标由 12 个二级指标构成：政治局势、外部冲突、恐怖主义活动、军事干预政治、宗教干预政治、民族矛盾、政府稳定性、政府公信力、政府支出、政府效能、监管质量、腐败控制和民主问责。具体指标含义如下。

政治局势（Political Situation，POSI）。该指标主要衡量东道国国家是否有政局动荡情况，是否存在暴力和恐怖主义等影响国家局势的活动，反映了东道国政府的连续性、统一性和权威性。动荡的政治局势不利于经济发展和吸引外商直接投资。本书采用世界银行世界治理指数数据库（WGI）中的 Political Stability and Absence of Violence/Terrorism 指标来表示政治局势变量，分值越高，表示东道国政治局势越稳定，外商投资风险越低。

外部冲突（External Conflict，EXCO）。该指标主要指来自国外的因素对东道国政府带来的风险，国外的行为包括非暴力的外交压力、中止援助、贸易限制、领土纠纷、制裁等，暴力的跨境冲突、甚至全面战争。直接采用美国 PRS 集团《国际国家风险指南》（ICRG）中的 External Conflict 指标作为外部冲突指标，分数越高，表示东道国外部冲突越小，外商投资风险越低。

恐怖主义活动（Terrorism Activities，TERR）。该指标是指不法分子通过暴力、威吓、破坏等手段，来威胁政府或者国际组织、侵犯人身财产、危害公共安全、制造社会恐慌，以达到某种行为和主张。采用全球恐怖主义数据库（GTD）中恐怖事件数量作为恐怖主义活动指标，数值越大，表示东道国风险越大，外商投资风险越高。

军事干预政治（Military in Politics，MIPO）。该指标是指东道国的军事力量对国家政治活动的介入度和干预度。以美国 PRS 集团《国际国家风险指南》（ICRG）中的 Military in Politics 指标作为军事干预政治指标，分数越高，表示东道国军事干预政治程度越轻，外商投资风险越低。

宗教干预政治（Religion in Politics，REPO）。该指标是指东道国国家的宗教势力对国家政治活动的介入度和干预度。直接采用美国 PRS 集团《国际国家风险指南》（ICRG）中的 Military in Politics

指标作为宗教干预政治指标，分数越高，表示东道国宗教干预政治程度越轻，外商投资风险越低。

民族矛盾（Ethnic Tensions，ETTE）。该指标是指东道国国家内，由于民族之间信仰、观念、价值观不同而发生的民族之间的关系紧张与矛盾冲突。本书直接采用美国 PRS 集团《国际国家风险指南》（ICRG）中的 Ethnic Tensions 指标作为民族矛盾指标，分数越高，表示东道国民族矛盾程度越轻，民族关系越融洽，外商投资风险越低。

政府稳定性（Government Stability，GOST）。该指标是指东道国政府执行自己所宣布的政策的能力以及保障政府政权和威信的能力。本书直接采用美国 PRS 集团《国际国家风险指南》（ICRG）中的 Government Stability 指标作为政府稳定性的指标，分数越高，表示东道国政府越稳定，外商投资风险越低。

政府公信力（Government Integrity，GOIN）。该指标反映公众对政府履行职责的一个总体的评价，基于社会成员对普遍性的行为规范和网络的认可而赋予的信任，可以形成相应的社会秩序。以《华尔街日报》和美国传统基金会（The Heritage Foundation）发布的年度经济自由度指数报告（IEF）中的 Government Integrity 作为政府公信力指标，分数越高，表示东道国政府公信力越高，外商投资风险越低。

政府效能（Government Effectiveness，GOEF）。经济性、效率性、效果性及公平性是政府效能的主要特效。该指标反映政府的公共服务水平、权利行使能力、政策环境营造等方面的效率，行政改革的关键就是提高政府效率，营造"放、管、服"有效结合的营商环境。本书采用世界银行世界治理指数数据库（WGI）中的 Government Effectiveness 指标来表示政府效能变量，分值越高，表示东道国政府有效性越强，外商投资风险越低。

监管质量（Regulatory Quality，REQU）。该指标指一国为了维护本国秩序正常进行，制定一系列法律法规，来规范本国秩序的正常运行，所取得的效果和起到的作用。范围取 0—6 分，分数越高，监管质量越好。本书采用世界银行世界治理指数数据库（WGI）中的 Regulatory Quality 指标来表示监管质量变量，分值越高，表示东道国政府的监管质量就越高，外商投资的风险就越低。

腐败控制（Control of Corruption，COCO）。该指标是指对掌握公共权力的政府部门或个人进行监管与问责，不仅包括对政府官员腐败行为的查处与惩治，还包括减少政府官员对企业投资经营活动中的人为干扰，以建立廉洁的司法制度，降低政治风险。采用世界银行世界治理指数数据库（WGI）中的 Control of Corruption 指标来表示腐败控制变量，分值越高，表示东道国腐败控制越好，腐败程度越轻，外商投资风险越低。

民主问责（Voice and Accountability，VOAC）。该指标指一国政府对公众诉求的回应程度。本书采用世界银行世界治理指数数据库（WGI）中的 Voice and Accountability 指标来表示民主问责的变量，分值越高，表示东道国政府对公众意见的回应就越好，政府就更加称职，外商投资风险越低。

（二）经济风险

经济风险（Economic Risk，ER）一级指标由 12 个二级指标构成：经济增长、经济波动、货币自由度、金融自由度、贸易自由度、贸易开放度、贸易条件、税务负担、投资开放度、投资自由度、投资便利化、商业自由度。具体指标含义如下。

经济增长（Economic Growth，ECGR）。指一国的经济发展情况，经济增长越快，表示东道国越稳定，投资风险就越小。本书用年度 GDP 增长率来衡量东道国的经济增长，具体数据来自世界银行世界发展指标数据库（WDI）。

经济波动（Economic Fluctuation，ECFL）。主要用来衡量一国经济的稳定性，经济波动与 OFDI 负相关，经济波动越大，投资风险也就越大。本研究用 GDP 增速的波动性（5 年波动系数）作为经济波动的指标，具体数据由世界银行世界发展指标数据库（WDI）年度 GDP 增长率计算而来。

货币自由度（Monetary Freedom，MOFR）。主要用来衡量东道国货币政策的独立性、币值的稳定性、利率的市场化水平等。本书直接采用《华尔街日报》和美国传统基金会（The Heritage Foundation）发布的年度经济自由度指数报告（IEF）中的 Monetary Freedom 作为货币自由度指标，分数越高，表示东道国货币自由度越高，外商投资风险越低。

金融自由度（Financial Freedom，FIFR）。主要指东道国的金融体系是否完善、金融监管是否有效、金融市场发展水平和开放程度。本书直接采用《华尔街日报》和美国传统基金会（The Heritage Foundation）发布的年度经济自由度指数报告（IEF）中的 Financial Freedom 作为金融自由度指标，分数越高，表示东道国金融自由度越高，外商投资风险越低。

贸易自由度（Trade Freedom，TRFR）。是指东道国关税水平、贸易配额以及其他非关税壁垒等。以《华尔街日报》和美国传统基金会（The Heritage Foundation）发布的年度经济自由度指数报告（IEF）中的 Trade Freedom 作为贸易自由度指标，分数越高，表示东道国贸易自由度越高，外商投资风险越低。

贸易开放度（Trade Openness，TROP）。主要用来衡量东道国与其他国家或地区的贸易往来情况。该指标是根据统计数据计算得来，具体数据来自世界银行世界发展指标数据库（WDI），贸易开放度等于东道国货物和服务进出口总额的加权平均数。

贸易条件（Term of Trade，TOT）。是指东道国宏观对外贸易的经济效益。一般来讲，东道国贸易条件越好，就越有利于吸引外商直接投资。该指标是用统计期内出口价格指数与进口价格指数之比计算得来，具体数据来自世界银行世界发展指标数据库（WDI）。

税务负担（Tax Burden，TAX）。主要用来衡量税收占东道国政府 GDP 的比重，也反映了跨国企业在东道国的税务负担，负担越重，表示外商投资风险越大。本书直接采用《华尔街日报》和美国传统基金会（The Heritage Foundation）发布的年度经济自由度指数报告（IEF）中的 Tax Burden 作为税务负担指标。

投资开放度（Investment Openness，INOP）。主要用来衡量东道国与其他国家或地区的相互投资情况。该指标是根据统计数据计算得来，具体数据来自世界银行世界发展指标数据库（WDI）。投资开放度等于东道国外商直接投资（IFDI）与对外直接投资（OFDI）的加权平均数。

投资自由度（Investment Freedom，INFR）。主要用来衡量东道国的投资环境是否透明开放、投资机会是否公平均等、法律制度是否完善可靠等方面。本书直接采用《华尔街日报》和美国传统基金会（The Heritage Foundation）发布的年度经济自由度指数报告（IEF）中的 Investment Freedom 作为投资自由度指标，数值越高，表示投资自由度越高，外商投资风险就越小。

投资便利化（Investment Facilitation，INFA）。表示外商投资企业在东道国开办企业等各种措施，以吸引中国的 OFDI，二者具有正相关关系。本书直接采用美国 PRS 集团《国际国家风险指南》（ICRG）中的 Investment Profile 指标作为投资便利化指标，分数越高，表示东道国的投资便利化水平越好，外商投资风险越低。

商业自由度（Business Freedom，INFR）。主要用来衡量东道国对开办企业的限制情况、审批程序、审批时间、开办成本等创办和关闭企业的政策环境情况。本书直接采用《华尔街日报》和美国传统基金会（The Heritage Foundation）发布的年度经济自由度指数报告（IEF）中的 Business Freedom 作为商业自由度指标，数值越高，表示东道国商业自由度越高，外商投资风险就越小。

(三) 社会风险

社会风险 (Social Risk, SR) 一级指标由 10 个二级指标构成: 社会环境、社会安全、法治程度、产权保护、内部冲突、劳动自由、失业状况、生活成本、贫富差距、社会信息化。具体指标含义如下。

社会环境 (Social Conditions, SOCO)。是指东道国整体社会环境状况, 甚至包括整体的社会经济状况。本书直接采用美国 PRS 集团《国际国家风险指南》(ICRG) 中的 Socioeconomic Conditions 指标作为社会环境的指标, 分数越高, 表示东道国的社会环境越好, 外商投资风险越低。

社会安全 (Social Security, SOSE)。是指东道国社会安全程度, 个人的人身财产安全能否得到保障。本书采用世界银行世界发展指标数据库 (WDI) 中的每 10 万人中的国际谋杀犯罪率作为社会安全的代理变量。所谓的谋杀犯罪通常是指对个人或者小团体由于利益冲突等原因而发生故意谋杀事件。谋杀犯罪率越高, 表示社会安全水平越低, 外商投资风险就越大。

法治程度 (Rule of Law, RULA)。指东道国的法律完善程度, 反映了社会主体的履约质量。书中以世界银行世界治理指数数据库 (WGI) 中的 Rule of Law 指标来表示东道国的法治程度, 分值越高, 表示东道国社会主体的履约质量越高, 外商投资风险越低。

产权保护 (Property Rights, PRRI)。这同样是法律方面的指标, 是指东道国政府对私有产权的保护程度。该指标以《华尔街日报》和美国传统基金会 (The Heritage Foundation) 发布的年度经济自由度指数报告 (IEF) 中的 Property Rights 来衡量。产权保护对投资企业来说是非常重要的因素, 分值越高, 外商投资风险就越小, 就越有利于东道国吸引外商直接投资。

内部冲突 (Internal Conflict, INCO)。指东道国社会内部各种主体之间的利益冲突, 是引起社会不稳定的因素, 甚至包括内战、内乱等极端社会政治事件。本书直接选择美国 PRS 集团《国际国家风险指南》（ICRG）中的 Internal Conflict 指标作为内部冲突指标，分数越高，表示东道国的投资便利化水平越好，外商投资风险越低。

劳动自由（Labor Freedom，LAFR）。指东道国政府对劳动者的管制程度，既包括劳动者寻找工作的自由，也包括企业雇用和解雇员工的自由。本书直接采用《华尔街日报》和美国传统基金会（The Heritage Foundation）发布的年度经济自由度指数报告（IEF）中的 Labor Freedom 作为劳动自由指标，分值越高，表示外商投资风险就越小。

失业状况（Unemployment，UNEM）。按照世界银行的定义，失业就是一个有工作能力而且愿意工作的劳动者尚未找到工作的情况。过高的失业率是社会不稳定的重要因素之一。本书采用世界银行世界发展指标数据库（WDI）中的失业率指标来衡量东道国失业状况，分值越高，表示东道国失业情况越严重，外商直接投资风险就越大。

生活成本（Inflation，INFL）。生活成本也是影响社会稳定的重要因素。本书采用世界银行世界发展指标数据库（WDI）中的以消费者价格指数表示的通货膨胀率来反映社会大众的生活成本，分值越高，表示东道国生活成本越高，外商直接投资风险就越大。

贫富差距（Wealth Gap，GAP）。主要用来衡量东道国社会财富分配的均衡性情况，过大的贫富差距这也是引发社会风险的因素。本书采用世界银行世界发展指标数据库（WDI）中的基尼系数来反映东道国的贫富差距情况，分值越高，表示东道国贫富差距越大，外商直接投资风险就越大。

社会信息化（Social Informatization，INFO）。社会信息化指社会的便利性程度。直接采用世界银行世界发展指标数据库（WDI）中的每 100 万人拥有的安全互联网服务器数作为社会信息化水平的代理指标，分值越高，表示东道国的社会信息化水平越高，外商直接投资风险就越大。

（四）对华风险

对华风险（Risk of Relation with China，RR）一级指标由6个二级指标构成：政治关系、贸易关系、投资关系、税收关系、人文交流、文化距离、互免签证。东道国与母国之间的双边关系对两国之间的投资和贸易有着重要的影响，这种关系包括政治关系、经济关系和文化关系。[①] 具体指标含义如下。

政治关系（Political Relation，PORE）。紧密的政治联系可以减轻外商企业来自东道国政府的限制行为，争取到更多的优惠待遇，从而降低其投资风险。[②] 加强两国之间政治联系的措施包括签订双边条约，加入同一国际组织等。[③] 根据中国外交部网站《中华人民共和国与各国建立外交关系日期简表》计算中国与东道国建交时间。一般情况下，建交时间越长，表示双方的政治关系相对越好。[④]

贸易关系（Trade Relations，TRRE）。中国与东道国之间加强经贸联系可以增进双方的了解和信任，从而减少东道国政府对其采取不利行为的可能性。[⑤] 采用中国与东道国双边进出口流量作为双边贸易关系的代理变量，数据来自联合国商品贸易统计数据库（UN Comtrade Database）。为了便于比较，在不改变数据线性关系的前提下压缩数据尺度，对数据取对数处理。

[①] Ghemawat P. Distance still matters，"The Hard Reality of Global Expansion"，*Harvard Business Review*，Vol. 79，No. 8，2001，pp. 137 – 140.

[②] Hadjikhani A.，"The Competitive Behaviour of MNCs in the Socio-political Market"，*International Journal of Business Environment*，Vol. 1，No. 1，2006，pp. 24 – 50.

[③] Medvedev D.，"Beyond Trade：The Impact of Preferential Trade Agreements on FDI Inflows"，*World Development*，Vol. 40，No. 1，2012，pp. 49 – 61.

[④] 魏景赋、钱晨曦：《中欧双边政治关系对中国 OFDI 的影响研究》，《深圳大学学报》（人文社会科学版）2016 年第 3 期。

[⑤] Zhang J.，Zhou C.，Ebbers H.，"Completion of Chinese Overseas Acquisitions：Institutional Perspectives and Evidence"，*International Business Review*，Vol. 20，No. 2，2011，pp. 226 – 238.

投资关系（Bilateral Investment Treaty，BIT）。主要是指中国与东道国是否签订双边投资协定（BIT），签订双边投资协定对于保障和促进双边投资有积极作用。本书以中国与东道国签订 BIT 的年限作为双方投资关系的代理变量，数据来自中国商务部《我国对外签订双边投资协定一览表》。一般情况下，签订 BIT 的时间越长，就越有利于双边投资活动。[1]

税收关系（Double Taxation Treaty，DTT）。主要是指中国与东道国签订避免双重征税协议的情况。王永钦等研究发现，中国 OFDI 表现出较为突出的税收动机。类似的，指东道国与中国签订 DTT 的时间越长，通常越有利于促进双边投资活动。本书采用中国国家税务总局《我国签订的避免双重征税协定一览表》来计算签订 DTT 的时间。

人文交流（Human Relations，HURE）。两国之间的人文关系越紧密，两国人民在价值观、行为方式和沟通方式等方面就会越融洽，投资和贸易的风险就会越小。[2] 用东道国与中国缔结友好城市的数量表示两国人文关系的好坏，数据来源于中国国际友好城市联合会《世界各国与我国建立友好城市关系一览表》。由于只能获得截面数据，为了形成面板数据，本书用反映东道国对外人文交流情况的国际移民率与之相乘，并取对数处理。移民率数据来自世界银行世界发展指标数据库（WDI）。

互免签证（Mutual Visa Exemption，VISA）。互免签证是促进两国人文交往和文化交流的重要措施。本书采用中国与东道国签订互免签证的时间作为指标变量，具体数据是根据外交部中国领事服务网《中外互免签证协议一览表》公布的数据计算而来。一般情况

---

[1] Egger P., Pfaffermayr M., "The Impact of Bilateral Investment Treaties on Foreign Direct Investment", *Journal of Comparative Economics*, Vol. 32, No. 4, 2004, pp. 788 – 804.

[2] Buckley P. J., Forsans N., Munjal S., "Host-Home Country Linkages and Host-Home Country Specific Advantages as Determinants of Foreign Acquisitions by Indian Firms", *International Business Review*, Vol. 21, No. 5, 2014, pp. 878 – 890.

下，两国互免签证的时间越长，可能人文交流就越多，因此就越有可能促进双边贸易和投资。①

第三节 指标赋权方法

参考国际权威机构的通行做法。世界知名的国家风险测度机构主要有：美国政治风险服务集团（The PRS Group）、标准普尔（Standard & Poor's）、美国穆迪投资服务公司（Moody's）等，以上三家机构被公认为世界三大国家风险测度机构。这些机构对国家风险测度指标进行直接赋值。中国社会科学院世界经济与政治研究所开发的《中国海外投资国家风险评级报告》（CROIC – IWEP）同样是对其主要指标加权赋予权重。

以上机构的通行做法，虽然简单易行，但是具有较强的主观性。为了克服这一弊端，同时考虑到经济风险、社会风险、政治风险以及对华关系都是影响中国 OFDI 的重要因素，采用因子分析与熵值法相结合的综合方法来计算各种风险的得分与国家风险的熵值。首先，对选取的指标进行因子分析，计算出四个子风险的总得分，然后采用熵值法对四个子风险赋值权重。最后，根据指标的标准化分值及权重计算国家风险的最终分值，由分值判断国家风险的高低（分值越高，风险越低）。

一 因子分析法

因子分析是一种研究变量之间关系的统计方法，主要用于分析影响变量的共同因子的数量并反映变量与较少几个因子之间的关联，其基本原理如下。

假设原始的 p 个变量表达为 k 个因子的线性组合变量，设 p 个

---

① 戴翔、郑岚：《自然人移动对双边贸易的影响——以美国为例》，《世界经济研究》2008年第2期。

原始变量为 x_1，x_2，$x_3\cdots$，x_p，要寻找的 k 个因子 (k < p) 为 f_1，f_2，$f_3\cdots$，f_k，主成分和原始变量之间的关系表示如式（4—2）所示。

$$\begin{cases} X_1 = a_{11}f_1 + a_{12}f_2 + \cdots + a_{1k}f_k + \varepsilon_1 \\ X_2 = a_{21}f_1 + a_{22}f_2 + \cdots + a_{2k}f_k + \varepsilon_2 \\ \quad\quad\quad\quad\quad\quad\vdots \\ X_p = a_{p1}f_1 + a_{p2}f_2 + \cdots + a_{pk}f_k + \varepsilon_p \end{cases} \quad (4—2)$$

其中，f_1，$f_2\cdots f_k$ 表示 k 个因子，它对所有的 X_p 是公因子，他们的系数 a_{ij}（i = 1，2，3，…，p；j = 1，2，3，…，k）表示第 i 个变量在第 j 个因子上的载荷，其反映变量与因子之间的相关关系程度。由于因子会出现在每个原始变量与因子的线性组合中，因此也称为公因子。ε_i 为特殊因子，代表第 i 个变量不能被前 k 个因子包括的部分。

因子分析分为探索性因子分析和验证性因子分析两种类型，都是为了考察研究变量之间的相关关系和方差、协方差。其中，探索性因子分析的基本步骤包括收集观测变量、获得相似系数矩阵、确定因子个数、提取因子、因子旋转、解释因子结构、因子得分等 7 个步骤。验证性因子分析包括定义因子模型、收集观测值、获得相似系数矩阵、数据拟合模型、评价模型、模型比较等 6 个步骤。

二 熵值法

（一）熵值法的基本思想

在信息论中，熵（Entropy）主要用于度量不确定性。数据的信息量越大，则表示不确定性就越小，熵值也就越小。反之，数据的信息量越小，则表示不确定性就越大，熵值也就越大。根据熵的特性，一般可以通过计算熵值大小来判断一个事件的随机性和无序程度，也可以用熵值大小来判断某个指标的离散程度，指标的离散程度越大，该指标对综合评价的影响（权重）越大，其熵值越小。

(二) 熵值法的基本原理

借鉴邹一南和赵俊豪的方法,采用熵值法测算出 104 个国家的总体国家风险综合指数。[①]

(1) 初始矩阵构建。设有 m 个指标,n 个地区,x 表示第 i (i = 1,2,…,m) 个指标第 j (j = 1,2,…,n) 个地区指标值,所有地区维度的单个指标构初始矩阵 $X = |x_{ij}|_{m \times n}$。

(2) 无量纲处理。由于数据间的数量级与量纲不同,对原始数据运用非零变换处理的极差标准化公式进行计算,其公式如下。

当 x 为正向指标时,转为公式为:

$$X_{ij} = (x_{ij} - \min x_{ij})/(\max x_{ij} - \min x_{ij}) \quad (4—3)$$

当 x_{ij} 为逆向指标时,转换公式为:

$$X_{ij} = (\max x_{ij} - x_{ij})/(\max x_{ij} - \min x_{ij}) \quad (4—4)$$

式中,$x_{ij} \in [0,1]$ 是标准化的数值;$\max x_{ij}$、$\min x_{ij}$ 为指标在样本时间段内的最大值与最小值。

(3) 计算指标值的比重。

$$Y_{ij} = X_{ij} / \sum_{i=1}^{m} X_{ij} \quad (4—5)$$

(4) 计算信息熵。

$$e_j = -k \sum_{i=1}^{m} (Y_{ij} \times \ln Y_{ij}) \quad (4—6)$$

式中:令 $k = 1/\ln m$,有 $e_j \in [0,1]$。

(5) 计算信息熵冗余度。

$$d_j = 1 - e_j \quad (4—7)$$

(6) 计算指标权重。

$$W_i = d_i / \sum_{j=1}^{n} d_j \quad (4—8)$$

[①] 邹一南、赵俊豪:《中国经济发展方式转变指标体系的构建与测度》,《统计与决策》2017 年第 23 期。

(7) 计算单指标得分指数。

$$U_i = W_j \times X_{ij} \qquad (4\text{—}9)$$

第四节 本章小结

根据上一章风险识别和理论分析的结论，本章构建了中国OFDI东道国国家风险测度模型。构建的原理主要体现了三个目标：一是测度模型能够反映中国OFDI真实投资活动，二是测度模型可以揭示国家风险的内涵结构和发展趋势，三是测度模型需要科学合理地确定指标体系权重。

对于指标体系的选取，本书坚持了以下三个基本原则：一是坚持全面覆盖和具体明确相结合，二是坚持定性指标和定量指标相结合，三是坚持理论分析和现实可行相结合。按照这些原则和理论分析，借鉴相关研究成果，并在咨询专家意见的基础上，最终构建了一个由1个目标层、4个子目标（一级指标）、40个具体指标（二级指标）构成的中国OFDI国家风险测度指标体系。构成国家风险（CR）的四个一级指标分别为政治风险（PR）、经济风险（ER）、社会风险（SR）和对华风险（RR）。本书采用因子分析与熵值法相结合的二阶段综合赋值方法来计算测度指标的权重。

第五章

中国对外直接投资国家风险测度与预警

第一节 数据收集和处理

一 样本选取

本章根据数据的可得性，在全球选取了104个国家进行风险测度。[①] 样本国家的描述性统计如表5—1所示。从表中可以看出，中等收入和高收入国家占了样本的绝大部分，而低收入国家主要集中在非洲，中等收入国家集中在亚洲，高收入国家集中在欧洲。

---

① 样本共104个国家，分布于北美洲、大洋洲、非洲、南美洲、欧洲和亚洲。具体来看，北美洲含加拿大、美国、墨西哥、特立尼达和多巴哥、牙买加共5个国家；大洋洲含澳大利亚、新西兰共2个国家；非洲含阿尔及利亚、埃及、埃塞俄比亚、博茨瓦纳、佛得角、刚果、刚果（金）、加纳、加蓬、津巴布韦、肯尼亚、马达加斯加、马里、毛里求斯、摩洛哥、南非、尼日利亚、苏丹、坦桑尼亚、突尼斯、乌干达、赞比亚共22个国家；南美洲含阿根廷、巴西、玻利维亚、厄瓜多尔、圭亚那、秘鲁、委内瑞拉、乌拉圭、智利共9个国家；欧洲含阿尔巴尼亚、爱尔兰、爱沙尼亚、奥地利、白俄罗斯、保加利亚、比利时、波兰、丹麦、德国、俄罗斯、法国、芬兰、荷兰、捷克、克罗地亚、拉脱维亚、立陶宛、卢森堡、马耳他、马其顿、挪威、葡萄牙、瑞典、瑞士、斯洛伐克、斯洛文尼亚、西班牙、希腊、匈牙利、意大利、英国、摩尔多瓦、乌克兰、塞浦路斯共35个国家；亚洲含阿塞拜疆、巴基斯坦、巴林、菲律宾、格鲁吉亚、哈萨克斯坦、韩国、吉尔吉斯斯坦、科威特、老挝、黎巴嫩、马来西亚、蒙古国、孟加拉国、缅甸、尼泊尔、日本、沙特阿拉伯、斯里兰卡、塔吉克斯坦、泰国、土耳其、文莱、叙利亚、亚美尼亚、也门、伊朗、以色列、印度、印度尼西亚、越南共31个国家。

表 5—1　　　　　　　　　　样本国家统计性描述

类别	低收入	中等收入	高收入	合计
北美洲	0	2	3	5
大洋洲	0	0	2	2
非洲	7	15	0	22
南美洲	0	7	2	9
欧洲	0	8	27	35
亚洲	1	23	7	31
合计	8	55	41	104

二　数据来源

根据测度模型所确定的指标，从相应的数据库分别收集相关数据。数据的来源主要有两种类型：一种是直接从相关数据库收集、整理得到，另一种是通过理论分析并根据相应公式计算而来。指标的具体释义和说明详见本书第四章第二节。

（一）政治风险（Political Risk，PR）

政治风险的 12 个指标数据均从相关数据库获取，具体来源如表 5—2 所示。

表 5—2　　　　　　　　　　政治风险数据来源

二级指标	指标代码	数据类型	取值范围	指标方向	数据来源
政治局势	POSI	绝对数	-2.5—2.5	正向	WGI
外部冲突	EXCO	绝对数	0—12	正向	ICRG
恐怖主义活动	TERR	绝对数	≥0	反向	GTD
军事干预政治	MIPO	绝对数	0—6	正向	ICRG
宗教干预政治	REPO	绝对数	0—6	正向	ICRG
民族矛盾	ETTE	绝对数	0—6	正向	ICRG
政府稳定性	GOST	绝对数	0—12	正向	ICRG
政府公信力	GOIN	绝对数	0—100	正向	IEF
政府效能	GOEF	绝对数	-2.5—2.5	正向	WGI

续表

二级指标	指标代码	数据类型	取值范围	指标方向	数据来源
监管质量	REQU	绝对数	-2.5—2.5	正向	WGI
腐败控制	COCO	绝对数	-2.5—2.5	正向	WGI
民主问责	VOAC	绝对数	-2.5—2.5	正向	WGI

注：WGI 为世界银行的世界治理指数数据库（Worldwide Governance Indicators Database）。ICRG 为美国政治风险服务集团（PRS）发布的年度国家风险国际指南（International Country Risk Guide，ICRG）。IEF 为《华尔街日报》和美国传统基金会（The Heritage Foundation）发布的年度经济自由度指数报告（Index of Economic Freedom）。GTD 为全球恐怖主义数据库（Global Terrorism Database）。

（二）经济风险（Economic Risk，ER）

经济风险共选取了 12 个指标，其中 10 个指标数据直接从相关数据库获取，投资开放度和贸易开放度指标由现有数据计算而来。其中，东道国投资开放度为东道国 IFDI 和 OFDI 流量的平均数。东道国贸易开放度为货物和服务进口与出口（占 GDP 的百分比）的平均数，具体来源如表 5—3 所示。

表 5—3　　　　　　　　经济风险数据来源

二级指标	指标代码	数据类型	取值范围	指标方向	数据来源
经济增长	ECGR	绝对数	-2.5—2.5	正向	WDI
经济波动	ECFL	绝对数	0—6	正向	WDI
货币自由度	MOFR	绝对数	0—100	正向	IEF
金融自由度	FIFR	绝对数	0—100	正向	IEF
贸易自由度	TRFR	绝对数	0—100	正向	IEF
贸易开放度	TROP	相对数	≥0	正向	WDI
贸易条件	TOT	相对数	≥0	正向	WDI
税务负担	TAX	绝对数	0—100	正向	IEF
投资开放度	INOP	相对数	≥0	正向	WDI
投资自由度	INFR	绝对数	0—100	正向	IEF

续表

二级指标	指标代码	数据类型	取值范围	指标方向	数据来源
投资便利化	INFA	绝对数	0—12	正向	ICRG
商业自由度	INFR	绝对数	0—100	正向	IEF

注：WDI 为世界银行世界发展指标数据库（World Development Indicators Database）。ICRG 为美国政治风险服务集团（PRS）发布的年度国家风险国际指南（International Country Risk Guide，ICRG）。IEF 为《华尔街日报》和美国传统基金会（The Heritage Foundation）发布的年度经济自由度指数报告（Index of Economic Freedom）。

（三）社会风险（Social Risk，SR）

社会风险的 10 个指标数据均从相关数据库获取，具体来源如表 5—4 所示。

表 5—4   社会风险数据来源

二级指标	指标代码	数据类型	取值范围	指标方向	数据来源
社会环境	SOCO	绝对数	0—12	正向	ICRG
社会安全	SOSE	绝对数	≥0	反向	WDI
法治程度	RULA	绝对数	-2.5—2.5	正向	WGI
产权保护	PRRI	绝对数	0—100	正向	IEF
内部冲突	INCO	绝对数	0—12	正向	ICRG
劳动自由	LAFR	绝对数	0—100	正向	IEF
失业状况	UNEM	相对数	0—1	反向	WDI
生活成本	INFL	相对数	-1—1	反向	WDI
贫富差距	GAP	绝对数	0—1	反向	WDI
社会信息化	INFO	绝对数	≥0	正向	WDI

注：WGI 为世界银行的世界治理指数数据库（Worldwide Governance Indicators Database）。ICRG 为美国政治风险服务集团（PRS）发布的年度国家风险国际指南（International Country Risk Guide，ICRG）。IEF 为《华尔街日报》和美国传统基金会（The Heritage Foundation）发布的年度经济自由度指数报告（Index of Economic Freedom）。WDI 为世界银行世界发展指标数据库（World Development Indicators Database）。

(四) 对华风险 (Risk of Relation with China, RR)

对华风险的 7 个指标数据均由相关数据计算而来。原始数据来源如表 5—5 所示。

表 5—5　　　　　　　　　对华风险数据来源

二级指标	指标代码	数据类型	取值范围	指标方向	数据来源
政治关系	PORE	绝对数	≥0	正向	外交部网站
贸易关系	TRRE	绝对数	≥0	正向	UN Comtrade Database
投资关系	BIT	绝对数	≥0	正向	商务部网站
税收关系	DTT	绝对数	≥0	正向	国家税务总局网站
人文交流	HURE	绝对数	≥0	正向	WDI、中国国际友好城市联合会
互免签证	VISA	绝对数	≥0	正向	中国领事服务网

注：WDI 为世界银行世界发展指标数据库 (World Development Indicators Database)。

国家风险的指标属性如表 5—6 所示。

表 5—6　　　　　　　　　子风险指标属性

一级指标	一级指标风险值	指标属性
政治风险	因子分析法测度	正向
经济风险	因子分析法测度	正向
社会风险	因子分析法测度	正向
对华风险	因子分析法测度	正向

三　数据处理

运用熵值法对国家风险的四个一级指标进行赋权并计算国家风险值，同时对国家风险的二级指标原始数据进行标准化处理，并确保指标方向的一致性。

(一) 数据的整理

由于指标数量大，来源的数据库较多，加之年份较多，因此数据会出现不完整的情况。对于数据缺失严重的指标,及时进行了删除。对于零散的数据缺失,通过插值法进行补齐。

(二) 数据标准化

采用离差标准化(又称 0—1 标准化)的方法归一化处理这些原始数据。进行线性变换后,这些标准化的数据值将全部隶属于 [0,1] 区间,分数越高表示风险越低。转换公式如式(5—1)。

$$y = \frac{x - x_{min}}{x_{max} - x_{min}} \quad (5—1)$$

需要说明的是,对于个别数值特别大且取值差距较大的数据,本书在对其标准化处理之前,先对其取对数处理。这样可以在不改变数据性质和相关关系的前提下,以缩小变量的绝对数值,更便于计算和比较。

(三) 数据的方向

测度模型要求所有的指标方向一致。与上文一致,把正向指标界定为:数值越大,风险越低。根据理论分析,将反向指标调整为正向指标。转换公式如式(5—2)。

$$y^* = 1 - y \quad (5—2)$$

其中,y^* 为转化之后的数据,y 为原数据。

第二节 子风险测度

根据中国 OFDI 的国家风险测度模型,现已知道测度模型指标体系各二级指标的具体数据。首先,分别测度 104 个国家,然后采用因子分析方法对上述四种风险提取公因子,并计算政治风险、经济风险、社会风险和对华风险四个风险的总得分。以 2003 年政治风险测度为例,介绍采用因子分析法的风险测度过程。然后,采用同样的方法测度各个年份子风险的水平。

一 二级指标权重的确定

对政治风险指标体系 12 个二级指标进行 KMO 检验（见表 5—7），KMO 值为 0.885，同时，巴特利特球形检验（Bartlett test of spericity）统计量的观测值为 1244.756，相对应的概率 P 值接近 0，这就拒绝了各变量间相互独立的原假设。因此，本书就可以进行后续的分析。

表 5—7　　　　　　　KMO 和巴特利特检验

KMO 取样适切性量数		0.885
巴特利特球形度检验	近似卡方	1244.756
	自由度	66
	显著性	0.000

在通过 KMO 检验之后，利用相关系数矩阵求出非负特征根，提取主成分，具体数据见表 5—8、表 5—9。

表 5—8　　　　　　　总方差解释

成分	初始特征值			提取载荷平方和			旋转载荷平方和		
	总计	方差%	累积%	总计	方差%	累积%	总计	方差%	累积%
1	6.884	57.370	57.370	6.884	57.370	57.370	5.872	48.935	48.935
2	1.156	9.634	67.004	1.156	9.634	67.004	2.108	17.565	66.500
3	1.038	8.646	75.651	1.038	8.646	75.651	1.098	9.151	75.651
4	0.907	7.562	83.213						
5	0.564	4.704	87.917						
6	0.530	4.418	92.336						
7	0.347	2.892	95.228						
8	0.237	1.974	97.202						
9	0.190	1.582	98.784						

续表

成分	初始特征值			提取载荷平方和			旋转载荷平方和		
	总计	方差%	累积%	总计	方差%	累积%	总计	方差%	累积%
10	0.073	0.608	99.392						
11	0.047	0.393	99.784						
12	0.026	0.216	100.000						

提取方法：主成分分析法。

表5—9　　　　　　　　　旋转后的成分矩阵

指标	成分		
	1	2	3
政府效能	0.942	0.215	0.076
腐败控制	0.935	0.231	0.060
监管质量	0.920	0.243	0.038
政府公信力	0.888	0.171	0.104
民主问责	0.883	0.213	-0.185
恐怖主义活动	-0.737	-0.128	-0.046
军事干预政治	0.670	0.469	-0.028
政治局势	0.658	0.628	0.115
外部冲突	0.371	0.318	-0.120
民族矛盾	0.032	0.826	0.256
宗教干预政治	0.355	0.677	-0.262
政府稳定性	0.085	0.050	0.937

注：旋转在5次迭代后已收敛。
提取方法：主成分分析法。旋转方法：凯撒正态化最大方差法。

表5—8结果表明，其中有3个公因子变量的特征值大于1，且累积方差为75.651%，大于70%，下面计算3个主成分的得分 F_1、F_2、F_3。

$$F_1 = F_{11} * ZX_1 + F_{12} * ZX_2 + \cdots + F_{111} * Z_{11}X_{11} + F_{112} * ZX_{12}$$

(5—3)

$$F_2 = F_{21} * ZX_1 + F_{22} * ZX_2 + \cdots + F_{211} * Z_{11}X_{11} + F_{212} * ZX_{12}$$
(5—4)

$$F_3 = F_{31} * ZX_1 + F_{32} * ZX_2 + \cdots + F_{311} * Z_{11}X_{11} + F_{312} * ZX_{12}$$
(5—5)

其中，ZX_i 为标准化后的数据，

$F_{1i} = [0.001 \quad 0.011 \quad -0.168 \quad 0.051 \quad -0.097 \quad -0.23$
$0.009 \quad 0.198 \quad 0.20.186 \quad 0.193 \quad 0.184]$，

$F_{2i} = [0.293 \quad 0.147 \quad 0.116 \quad 0.173 \quad 0.439 \quad 0.62 \quad -0.036$
$-0.13 \quad -0.109 \quad -0.079 \quad -0.094 \quad -0.08]$，

$F_{3i} = [0.071 \quad -0.127 \quad -0.035 \quad -0.052 \quad -0.277 \quad 0.19$
$0.856 \quad 0.086 \quad 0.058 \quad 0.021 \quad 0.042 \quad -0.182]$。

下面计算政治风险的总得分 F。

$$F = F_1 * R_1 + F_2 * R_2 + F_3 * R_3 \quad (5—6)$$

其中，R_1、R_2、R_3 分别是 F_1、F_2、F_3 在表 5—8 总方差解释中旋转后的方差百分比，其数值分别为 48.935、17.565、9.151。

经过因子分析计算政治风险其他年份均提取了 3 个主成分，同时，其他三类风险均按照 2003 年的政治风险的计算方法计算总得分，经计算经济风险、社会风险、对华风险每年分别提取了 4、4、3 个主成分，并且计算了这三类风险的总得分（见表 5—10）。

表 5—10　　　　　　　　　成分得分系数矩阵

指标	成分		
	1	2	3
政府效能	0.001	0.293	0.071
腐败控制	0.011	0.147	-0.127
监管质量	-0.168	0.116	-0.035

续表

指标	成分		
	1	2	3
政府公信力	0.051	0.173	-0.052
民主问责	-0.097	0.439	-0.277
恐怖主义活动	-0.230	0.620	0.190
军事干预政治	0.009	-0.036	0.856
政治局势	0.198	-0.130	0.086
外部冲突	0.200	-0.109	0.058
民族矛盾	0.186	-0.079	0.021
宗教干预政治	0.193	-0.094	0.042
政府稳定性	0.184	-0.080	-0.182

提取方法：主成分分析法。旋转方法：凯撒正态化最大方差法。

二 子风险测度结果

（一）描述性统计

采用上一节所述方法，测度得到104个样本国家政治风险、经济风险、社会风险和对华风险的风险值。然后，利用极差法进行标准化并放大100倍可以得到四个子风险的风险值（见附录）。最后，按区域和收入水平对104个样本国家的子风险测度结果进行分类（见表5—11、表5—12），风险值越高表示风险水平越低。

表5—11　　2003—2015年子风险测度结果描述（按区域）

地区	统计量	政治风险	经济风险	社会风险	对华风险
亚洲 （31个）	样本容量	403	403	403	403
	平均值	37	57	52	52
	标准差	17	17	16	23
	最小值	1	1	9	2
	最大值	87	100	90	95

续表

地区	统计量	政治风险	经济风险	社会风险	对华风险
北美洲 (5个)	样本容量	65	65	65	65
	平均值	63	68	71	45
	标准差	18	12	18	14
	最小值	36	39	39	20
	最大值	99	88	95	72
南美洲 (9个)	样本容量	117	117	117	117
	平均值	44	56	48	38
	标准差	18	17	17	14
	最小值	6	1	1	1
	最大值	79	88	83	63
大洋洲 (2个)	样本容量	26	26	26	26
	平均值	89	73	97	77
	标准差	5	12	3	7
	最小值	75	42	91	65
	最大值	100	92	100	92
欧洲 (35个)	样本容量	455	455	455	455
	平均值	69	69	73	67
	标准差	19	14	17	24
	最小值	19	20	31	5
	最大值	100	100	100	100
非洲 (22个)	样本容量	286	286	286	286
	平均值	34	52	41	29
	标准差	17	17	15	18
	最小值	1	1	1	1
	最大值	72	100	70	70

数据来源：笔者根据因子分析法计算得到。

表 5—12　　　2003—2015 年子风险测度结果描述（按收入水平）

收入水平	统计量	政治风险	经济风险	社会风险	对华风险
中等收入国家 （55 个）	样本容量	715	715	715	715
	平均值	36	55	46	47
	标准差	14	15	13	21
	最小值	1	1	1	1
	最大值	72	100	79	95
低收入国家 （8 个）	样本容量	104	104	104	104
	平均值	25	46	35	19
	标准差	12	21	14	12
	最小值	1	1	1	1
	最大值	48	100	58	41
高收入国家 （41 个）	样本容量	533	533	533	533
	平均值	74	71	78	63
	标准差	15	13	13	26
	最小值	37	1	32	2
	最大值	100	100	100	100

数据来源：笔者根据因子分析法计算得到。

（二）典型国家风险情况测度

从表 5—13 对国家政治风险的测度可知，中国对外直接投资政治风险最高的国家主要集中在中东、非洲、南亚等地区，而风险最低的国家集中在欧洲。

表 5—13　　　　　　2015 年部分国家政治风险测度结果

排名	风险最高的国家（前 10）		风险最低的国家（前 10）	
	国家	得分	国家	得分
1	苏丹	1	芬兰	100
2	刚果（金）	8	丹麦	95

续表

排名	风险最高的国家（前10）		风险最低的国家（前10）	
	国家	得分	国家	得分
3	叙利亚	9	瑞典	94
4	巴基斯坦	11	卢森堡	93
5	尼日利亚	17	新西兰	92
6	也门	21	挪威	90
7	埃塞俄比亚	22	荷兰	87
8	缅甸	22	加拿大	87
9	刚果	25	瑞士	87
10	孟加拉国	25	英国	87

数据来源：笔者根据因子分析法计算得到。

从表5—14对国家经济风险的测度可知，中国对外直接投资经济风险最高的国家主要集中在中东、非洲、南亚、南美等地区，而风险最低的国家集中在欧洲、大洋洲地区。

表5—14　　　　　2015年部分国家经济风险测度结果

排名	风险最高的国家（前10）		风险最低的国家（前10）	
	国家	得分	国家	得分
1	也门	1	爱尔兰	100
2	伊朗	7	卢森堡	98
3	委内瑞拉	9	塞浦路斯	87
4	津巴布韦	16	荷兰	86
5	苏丹	19	丹麦	85
6	白俄罗斯	26	瑞士	84
7	缅甸	28	瑞典	82
8	尼泊尔	30	新西兰	78
9	阿根廷	31	澳大利亚	78
10	厄瓜多尔	31	德国	78

数据来源：笔者根据因子分析法计算得到。

从表5—15对国家社会风险的测度可知，中国对外直接投资社会风险最高的国家主要集中在南美、非洲、中东等地区，而风险最低的国家集中在大洋洲、欧洲、北美地区。

表5—15　　　　　2015年部分国家社会风险测度结果

排名	风险最高的国家（前10）		风险最低的国家（前10）	
	国家	得分	国家	得分
1	委内瑞拉	1	新西兰	100
2	苏丹	16	瑞士	99
3	刚果（金）	21	丹麦	93
4	叙利亚	29	澳大利亚	93
5	津巴布韦	29	奥地利	93
6	也门	29	挪威	93
7	刚果	31	加拿大	92
8	埃塞俄比亚	32	荷兰	91
9	伊朗	36	美国	91
10	马里	37	卢森堡	90

数据来源：笔者根据因子分析法计算得到。

从表5—16对国家对华风险的测度可知，中国对外直接投资对华风险最高的国家主要集中在非洲、中东等地区，而风险最低的国家集中在欧洲、南亚地区。

表5—16　　　　　2015年部分国家对华风险测度结果

排名	风险最高的国家（前10）		风险最低的国家（前10）	
	国家	得分	国家	得分
1	博茨瓦纳	1	瑞典	100
2	马达加斯加	1	斯洛伐克	100
3	佛得角	5	瑞士	99

续表

排名	风险最高的国家（前10）		风险最低的国家（前10）	
	国家	得分	国家	得分
4	乌干达	7	德国	98
5	赞比亚	9	法国	98
6	文莱	10	波兰	98
7	马里	11	英国	96
8	拉脱维亚	13	巴基斯坦	95
9	圭亚那	14	丹麦	94
10	黎巴嫩	16	芬兰	93

数据来源：笔者根据因子分析法计算得到。

第三节 国家风险测度

一 一级指标权重的确定

运用 MATLAB 数据处理软件计算熵值。MATLAB 软件具有操作简单、功能强大的特点，是进行数据处理、科学计算的常用工具。由于对华风险、经济风险、社会风险、政治风险四个子风险每年的权重不一样，下面给出 MATLAB 软件计算结果，如表5—17所示。同样地，可以计算出104个国家的国家风险熵值。

对2003年至2015年连续13年的权重进行加权得出的四个一级指标的平均权重：政治风险为33.54%，经济风险为10.06%，社会风险为18.63%，对华风险为37.77%。这在一定程度上反映了四个子风险对国家风险的相对贡献。从这一结果可以看出，对国家风险贡献从大到小依次是对华风险、政治风险、社会风险和经济风险。

表 5—17　　　　　　　　　　一级指标权重

年份	政治风险	经济风险	社会风险	对华风险
2003	0.421049	0.074477	0.150433	0.354042
2004	0.334997	0.173197	0.156013	0.335794
2005	0.384088	0.077905	0.169497	0.36851
2006	0.280283	0.096473	0.131388	0.491856
2007	0.352748	0.094648	0.146528	0.406076
2008	0.34018	0.05074	0.169138	0.439943
2009	0.34018	0.05074	0.169138	0.439943
2010	0.313763	0.072123	0.270978	0.343136
2011	0.354055	0.067631	0.235882	0.342431
2012	0.361365	0.066095	0.218961	0.353579
2013	0.328102	0.119734	0.24044	0.311724
2014	0.275483	0.182112	0.195838	0.346567
2015	0.274354	0.1819	0.167877	0.375869

数据来源：笔者根据熵值法计算得到。

由此可以看出，东道国与中国的双边关系情况是影响中国OFDI的重要因素。然而，这一对华关系风险因素在现有的OFDI风险理论中并没有得到足够的重视。这也进一步验证了本书将对华风险纳入中国OFDI风险测度模型的必要性。当然，东道国政治风险也是影响中国OFDI的传统关键因素，本书也进一步证实了这一基本论断。东道国的社会状况是影响中国OFDI企业经营管理的外在环境，因此，对于东道国的社会风险因素也不容忽视。值得注意的是，东道国的经济情况反而对中国OFDI的影响最小，这与中国企业OFDI的动机也是基本一致的。例如，中国许多资源寻求型的OFDI项目往往倾向于那些经济状况相对落后的非洲国家。

二　国家风险测度结果

根据上文测度方法，测算得到104个样本国家的国家风险值

（见附录），风险值越高表示风险水平越低。

表5—18描述了2003—2015年按照各个大洲分组，各个样本国家的国家风险测度结果描述性统计情况。

表5—18　　2003—2015年国家风险测度结果描述（按区域）

地区	统计量	国家风险
亚洲 （31个）	样本容量	403
	平均值	46
	标准差	13
	最小值	16
	最大值	86
北美洲 （5个）	样本容量	65
	平均值	58
	标准差	14
	最小值	38
	最大值	84
南美洲 （9个）	样本容量	117
	平均值	43
	标准差	13
	最小值	15
	最大值	71
大洋洲 （2个）	样本容量	26
	平均值	84
	标准差	4
	最小值	77
	最大值	92
欧洲 （35个）	样本容量	455
	平均值	68
	标准差	16
	最小值	24
	最大值	97

续表

地区	统计量	国家风险
非洲 (22个)	样本容量	286
	平均值	35
	标准差	10
	最小值	10
	最大值	60

表5—19描述了2003—2015年按照世界银行界定的世界各国不同发展水平分类，各样本国家的国家风险测度结果描述性统计情况。

表5—19　　2003—2015年国家风险测度结果描述（按收入水平）

地区	统计量	国家风险
亚洲 (31个)	样本容量	715
	平均值	43
	标准差	11
	最小值	15
	最大值	74
低收入国家 (8个)	样本容量	104
	平均值	26
	标准差	6
	最小值	10
	最大值	37
高收入国家 (41个)	样本容量	533
	平均值	70
	标准差	15
	最小值	36
	最大值	97

从表5—20对国家风险的测度可知，中国对外直接投资国家风险最高的国家主要集中在非洲、中东等地区。而风险最低的国家集中在欧洲地区，还包括大洋洲的新西兰和亚洲的日本。

表5—20　　　　2015年部分国家的国家风险测度结果

排名	风险最高的国家（前10）		风险最低的国家（前10）	
	国家	得分	国家	得分
1	委内瑞拉	19	瑞典	93
2	也门	20	瑞士	93
3	刚果（金）	20	丹麦	92
4	马达加斯加	25	芬兰	90
5	津巴布韦	26	德国	89
6	乌干达	27	英国	88
7	马里	28	荷兰	88
8	苏丹	29	挪威	85
9	叙利亚	29	新西兰	85
10	肯尼亚	30	日本	84

数据来源：笔者综合因子分析法和熵值法计算得到。

第四节　中国对外直接投资国家风险综合分析

根据上面测算风险的结果，下面分别从国别、区域、收入等级、风险等级的角度来分析研究104个样本国家风险分布特点，从而为中国对外直接投资提供更好的决策参考。从样本分布的地区来看，亚洲有31个国家，北美洲有5个国家，南美洲有9个国家，大洋洲有2个国家，欧洲有35个国家，非洲有22个国家；从收入角度来看，高收入国家41个，中等收入国家55个，低收入国家8个。

一 国别风险比较分析

分别对 2003—2015 年各国的四种风险得分以及整体国家风险值进行加权平均，按加权平均值的大小对各国风险综合排名，分值越小，风险越大，表 5—21 为风险排名前 10 的国家。

从表 5—21 可以看出，在 104 个样本国家中，政治风险、经济风险、社会风险、对华风险最大的国家依次为苏丹、津巴布韦、津巴布韦、马达加斯加。而国家风险最高的则是刚果（金），其次为津巴布韦。政治、经济、社会风险排名都在前 10 以内的国家有苏丹、刚果（金）、缅甸、津巴布韦、委内瑞拉、孟加拉国、伊朗，而对华风险排前 10 名的国家没有一个排在政治、经济、社会风险前 10 名里面。可能的解释是中国和各国之间关系不会因为该国自身内部条件较差，而不开展外交关系，体现了中国坚持睦邻友好的外交原则。同时，对华风险中的马达加斯加、乌干达、肯尼亚没有出现在政治、经济、社会风险前 10 名中，却出现在整体国家风险前 10 名中，说明在整体国家风险中，对华风险在该 3 国中占较大的比重。在政治风险测度结果中，可以清楚看到，苏丹的风险最大。这符合经验事实，苏丹自 1956 年独立建国以来，内战一直持续到现在，中间仅有 10 年的时间没有内战，国家政治安全系数极低。经济社会风险最高的是津巴布韦，津巴布韦是非洲南部的内陆国家，经历过恶性通货膨胀，直到 2009 年以后使用美元和南非兰特替代后，通货膨胀才趋于稳定，2011 年被评为世界上通货膨胀最高的国家，由于通货膨胀，实际工资下降，导致经济社会严重失调。对华风险最高的是马达加斯加，虽然中马建交已有 46 年，但相比中国和其他国家的外交关系，还需要进一步加强。整体国家风险最高的是刚果（金），刚果民主共和国是世界上最不发达国家之一，粮食不能自给，加工工业不发达，外债严重，医疗卫生保障设施落后，人均预期寿命为 45 岁。

表 5—21　　　　　　　　国别风险排名（前10）

排名	政治风险 国家	分值	经济风险 国家	分值	社会风险 国家	分值	对华风险 国家	分值	国家风险 国家	分值
1	苏丹	2	津巴布韦	10	津巴布韦	11	马达加斯加	2	刚果（金）	16
2	刚果（金）	4	伊朗	33	苏丹	16	博茨瓦纳	3	津巴布韦	19
3	巴基斯坦	10	苏丹	36	委内瑞拉	18	佛得角	7	委内瑞拉	21
4	缅甸	13	委内瑞拉	37	刚果（金）	18	乌干达	9	马达加斯加	24
5	尼日利亚	15	刚果（金）	39	缅甸	28	文莱	10	肯尼亚	26
6	津巴布韦	16	叙利亚	41	埃塞俄比亚	28	肯尼亚	12	乌干达	26
7	委内瑞拉	18	缅甸	42	也门	30	马里	12	孟加拉国	28
8	孟加拉国	20	孟加拉国	43	刚果	31	赞比亚	12	苏丹	28
9	叙利亚	20	也门	43	伊朗	32	坦桑尼亚	14	也门	28
10	伊朗	20	白俄罗斯	43	孟加拉国	32	拉脱维亚	14	埃塞俄比亚	29

二 区域风险比较分析

从图5—1可以看出，国家风险的区域分布不均衡，国家风险从大到小依次是非洲、南美洲、亚洲、北美洲、欧洲、大洋洲，中国对非洲、南美洲直接投资的国家风险相对突出。政治、经济、社会、对华风险中，风险安全系数最高的为大洋洲国家，国家整体风险、政治风险和经济风险安全系数最低的为非洲国家。

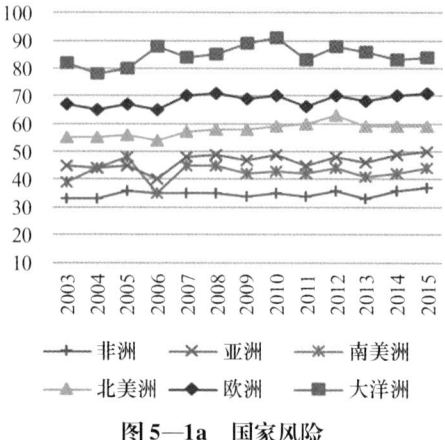

图 5—1a 国家风险

图 5—1b 政治风险

图 5—1c 经济风险

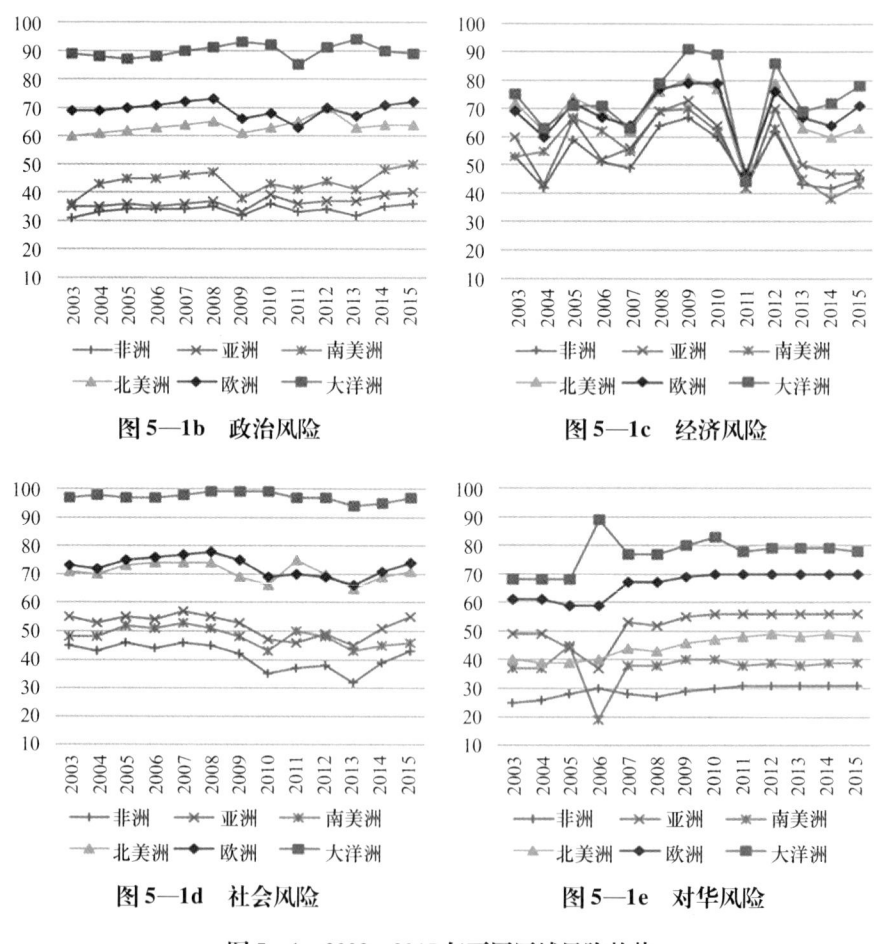

图 5—1d 社会风险

图 5—1e 对华风险

图 5—1 2003—2015 年不同区域风险趋势

2015年前后，南美洲国家的经济风险安全系数突破非洲国家的最低值，2007年前后，南美洲国家的对华风险安全系数突破非洲国家的最低值。说明不发达国家的风险安全系数较低，比如非洲的苏丹、利比亚、埃塞俄比亚等，发达国家的安全系数较高，比如大洋洲的澳大利亚、新西兰。

从图5—1c经济风险的变化趋势可以看出，中国OFDI的经济风险值在2011年有一个骤降的特殊现象，这表明中国OFDI的经济风险在2011年突然升高。其主要原因是，2009年金融危机发生后，对世界范围的对外直接投资活动产生了重大影响。由于直接投资活动的刚性原因，这种不利影响又存在一定的滞后性，到了2011年就集中地表现出来。

三 不同收入水平国家的风险比较分析

从图5—2可以看出，从收入角度来看，104个样本国家中，高收入国家的风险数值高，风险较低，低收入国家的风险数值低，风险较高，这也符合正常的规律，收入一定程度上代表一个国家的发达程度，国家越发达，政治、经济、社会风险就相应越低，国家的整体风险也就越低。这反映出国家风险与国家发展水平呈正相关的关系。

同样可以看出，图5—2c也集中体现了2009年爆发的国际金融危机对国际投资的制约作用。可以直观地看到，在2011年，中国OFDI的经济风险突然升高。这同样反映了国际金融危机对中国OFDI的影响。

四 风险等级划分

借鉴ICRG国家风险等级划分方法（见表5—22），确定了国家风险（包括子风险）的风险等级临界值，将风险分为5个等级，如表5—23所示。

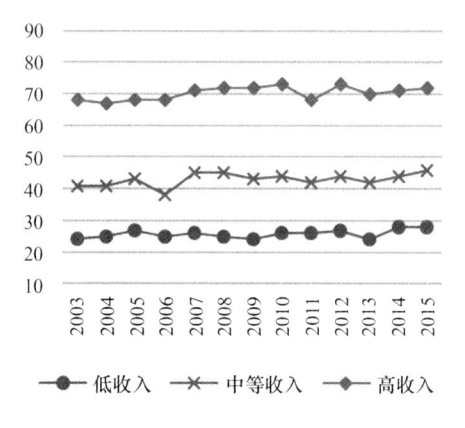

图 5—2a 国家风险

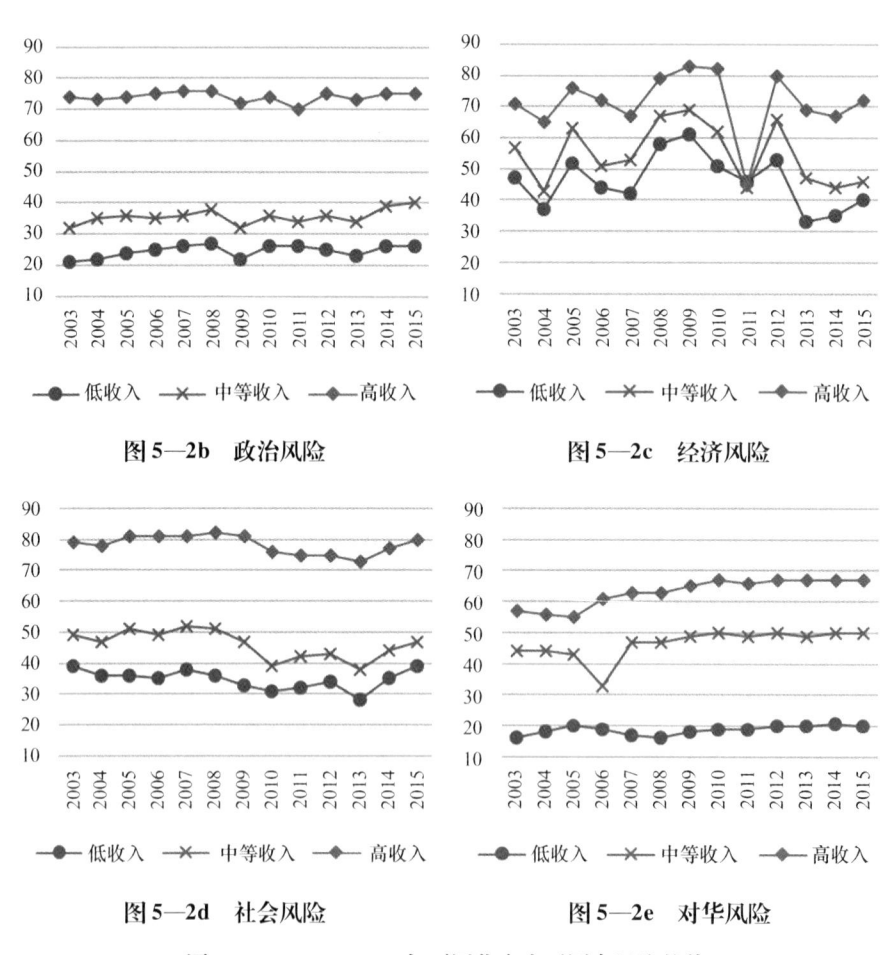

图 5—2b 政治风险

图 5—2c 经济风险

图 5—2d 社会风险

图 5—2e 对华风险

图 5—2 2003—2015 年不同收入水平国家风险趋势

表 5—22　　　　　　　　　ICRG 国家风险等级表

风险等级	分值区间
风险极高	00.0 – 49.9
风险高	50.0 – 59.9
风险适中	60.0 – 69.9
风险低	70.0 – 79.9
风险极低	80.0 – 89.9

资料来源：美国政治风险服务集团（PRS Group）http://www.prsgroup.com/。

如表 5—23 所示，把中国 OFDI 的国家风险及其子风险分为 5 个等级，由低到高分别为 A 级、B 级、C 级、D 级、E 级。各种风险的分值越高，表示该风险的风险水平就越低。其中 80—99 分表示该参评国家的国家风险极低。

表 5—23　　　　　　　　　　　风险等级

风险等级	风险描述	分值区间
A	风险极低	80—99
B	风险低	60—79
C	风险适中	40—59
D	风险高	20—39
E	风险极高	0—19

以 2015 年为例，定量测度了 104 个样本国家的国家风险水平，并确定了其国家风险等级，具体国家风险等级评定结果如表 5—24 所示。

从风险等级角度来看，风险等级为 A 级的国家都属于发达、高收入国家，这些国家的风险相对较低，主要集中在欧洲和大洋洲地区；风险等级为 D 级和 E 级的国家基本上是贫困、低收入国家，这些国家的风险相对较高，主要集中在非洲、南亚和中北美地区。

表5—24　　　　　　　　2015年各国国家风险测度等级

风险等级	国家
A	瑞典、斯洛伐克、瑞士、德国、法国、波兰、英国、丹麦、芬兰、日本、荷兰、捷克、挪威、比利时、新西兰、澳大利亚、卢森堡
B	匈牙利、泰国、意大利、越南、马来西亚、蒙古国、土耳其、保加利亚、西班牙、阿尔巴尼亚、韩国、奥地利、加拿大、智利、美国、塞浦路斯、以色列、葡萄牙、斯洛文尼亚、立陶宛、马耳他、爱尔兰
C	巴基斯坦、俄罗斯、印度尼西亚、埃及、科威特、缅甸、老挝、印度、斯里兰卡、菲律宾、哈萨克斯坦、白俄罗斯、乌克兰、希腊、摩洛哥、南非、毛里求斯、克罗地亚、牙买加、厄瓜多尔、玻利维亚、吉尔吉斯斯坦、巴西、加纳、突尼斯、格鲁吉亚、墨西哥、阿根廷、亚美尼亚、摩尔多瓦、沙特阿拉伯、秘鲁、马其顿、爱沙尼亚、乌拉圭、特立尼达和多巴哥、巴林、拉脱维亚、文莱
D	尼日利亚、阿尔及利亚、叙利亚、塔吉克斯坦、埃塞俄比亚、加蓬、尼泊尔、孟加拉国、刚果、津巴布韦、也门、阿塞拜疆、刚果（金）、坦桑尼亚、肯尼亚、黎巴嫩、圭亚那、马里、赞比亚、乌干达、佛得角、博茨瓦纳、马达加斯加
E	委内瑞拉

资料来源：笔者根据因子分析法和熵值法计算结果整理得到。

第五节　中国对外直接投资国家风险预警

一　BP神经网络模型

BP神经网络是一种应用较为广泛的非线性预测方法，具有容错性强、自学习、自组织的优势。该模型基于后向传播算法的多层前馈神经网络，通过后向传播算法来不断调整网络的权值和阈值，从而达到一个理想的输出值。三层的神经网络（输入层、隐含层和输出层）就能够以任意精度逼近任何复杂的非线性映射，且预测精度一般要高于其他的预测方法。因此，采用三层 BP 神经网络来预测样本国家的 OFDI 国家风险。

二 中国对外直接投资国家风险预警模型

在 104 个国家中，分别选取一个不同收入水平的国家作为样本进行国家风险预测。选取的高收入国家、中等收入国家和低收入国家分别为希腊、阿根廷和津巴布韦。输入值为这三个国家 2003 年至 2015 年国家风险值。采用 MATLAB 软件中的人工神经网络工具箱进行预测。首先，构建一个如下的三层 BP 神经网络对样本国家的国家风险进行预测：（1）输入层。结点数为 3。（2）隐含层。结点数为 10，激活函数为 TANSIG。（3）输出层。结点数为 1，激活函数为 LOGSIG。网络训练的学习率为 0.01，期望误差值为 1e—10。在确定了输入数据与输出数据之后，通过调整 TRAINLM 函数对预警网络进行训练，当预警网络的性能达到期望误差要求时，网络训练过程结束。

采用滚动预测方式，即用希腊、阿根廷、津巴布韦三个国家前三年的国家风险来预测第四年的国家风险，如用 2003 年、2004 年和 2005 年的国家风险为输入预测 2006 年的国家风险，用 2004 年、2005 年和 2006 年的国家风险为输入预测 2007 年的国家风险。如此反复直至满足预测精度要求为止。

三 结果分析

利用 MATLAB 软件，可以得到希腊、阿根廷、津巴布韦未来 10 年的国家风险水平预测结果。其中，网络训练误差变动情况如图 5—3 所示。

希腊、阿根廷、津巴布韦三国的国家风险预警结果如图 5—4、图 5—5、图 5—6 所示，具体数据如表 5—25 所示（已转换成百分制），国家风险预警等级如表 5—26 所示。为了演示风险预警模型的运算过程，表 5—25 计算了连续 10 年的预警结果。当然，在企业投资实践中，没有必要做如此长时间的预警，采用滚动预警的方法会更加符合实际情况。

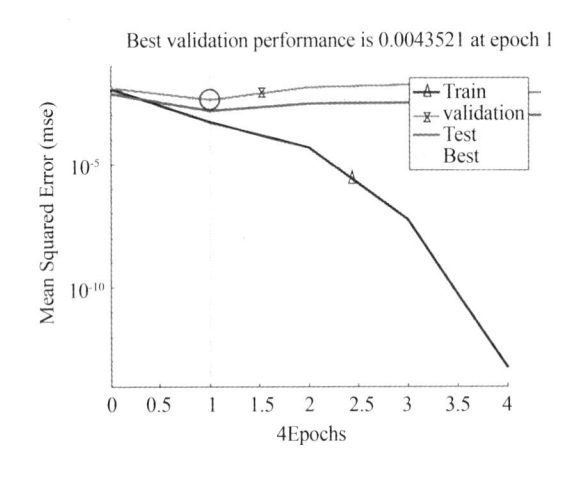

图 5—3　BP 神经网络训练误差变动曲线

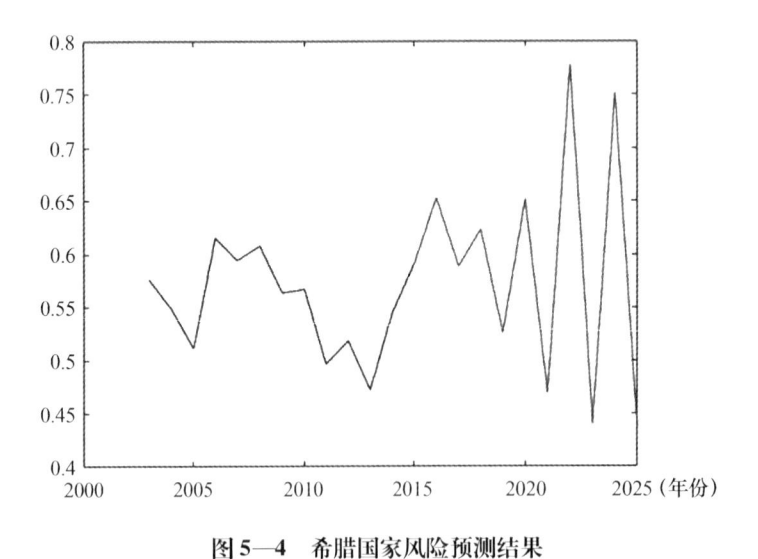

图 5—4　希腊国家风险预测结果

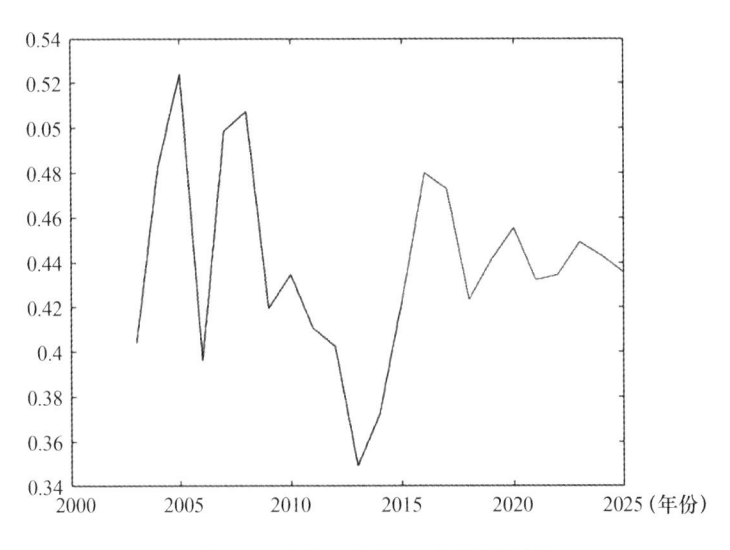

图 5—5　阿根廷国家风险预测结果

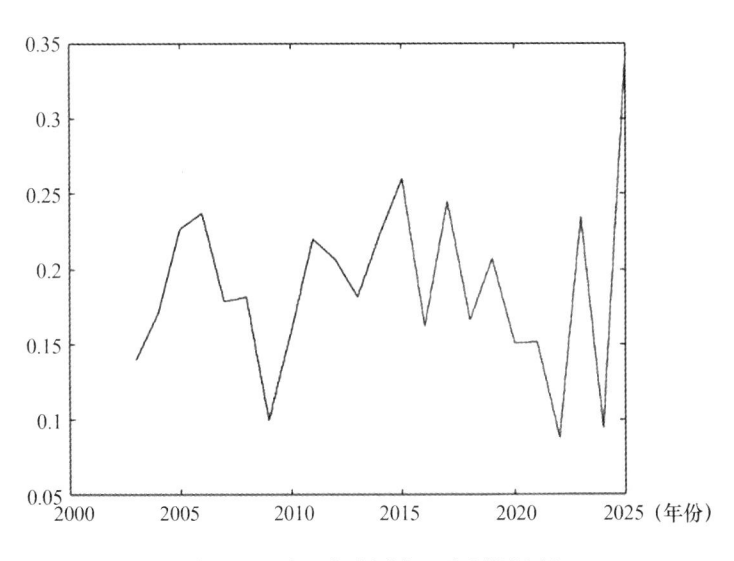

图 5—6　津巴布韦国家风险预测结果

表 5—25　　　　　　　样本国家的国家风险预警结果

年份	2016	2017	2018	2019	2020	2021	2022	2023	2024	2025
希腊	65	59	62	53	65	47	78	44	75	44
阿根廷	48	47	42	44	46	43	43	45	44	44
津巴布韦	16	25	17	21	15	15	9	23	9	34

资料来源：笔者根据熵值法计算得到。

表 5—26　　　　　　　样本国家的国家风险预警等级

年份	2016	2017	2018	2019	2020	2021	2022	2023	2024	2025
希腊	B	C	B	C	B	C	B	C	B	C
阿根廷	C	C	C	C	C	C	C	C	C	C
津巴布韦	E	D	E	D	E	E	E	D	E	D

同样的方法，可以对特定国家的国家风险或者某个子风险进行预警。这样，对照本书对于国家风险等级的划分方法，就可以确定预警结果的风险等级，从而采取相应的应对策略。

第六节　本章小结

本章从世界银行的世界治理指数数据库（WGI）、美国政治风险服务集团发布的年度国家风险国际指南（ICRG）、《华尔街日报》和美国传统基金会发布的年度经济自由度指数报告（IEF）、全球恐怖主义数据库（GTD）等多个数据库获取了全球 104 个国家 2003—2015 年的动态面板数据，通过收集、整理、计算等方式确定了 4 个一级指标和 40 个二级指标的取值范围，采用因子分析方法对上述四种风险提取公因子，并计算政治风险、经济风险、社会风险和对华风险四个风险的总得分。通过对政治风险、经济风险、社会风险、对华风险的测度发现，中国对外直接投资政治风险、经济风险、社会风险、对华风险最高的国家主要集中在中东、非洲、南亚等地区，而风险最低的国家则集中在欧洲、大洋洲、北美等地区。

同时，本章运用 MATLAB 数据处理软件计算熵值，对中国 OFDI 的国家风险进行了测度和分析，对样本国家的国家风险等级进行了评级。国家风险的区域分布不均衡，国家风险从大到小依次是非洲、南美洲、亚洲、北美洲、欧洲、大洋洲，中国对非洲、南美洲直接投资的国家风险相对突出。从收入角度来看，104 个样本国家中，高收入国家的风险数值高，风险较低，低收入国家的风险数值低，风险较高。这也符合正常的规律，收入一定程度上代表一个国家的发达程度，国家越发达，政治、经济、社会风险就相应越低，国家的整体风险也就越低。这反映出国家风险与国家发展水平呈负相关的关系，国家发展水平越高，东道国的风险就越低。从风险等级角度来看，发达、高收入国家的风险相对较低，主要集中在欧洲和大洋洲地区，贫困、低收入国家的风险相对较高，主要集中在非洲、南亚和中北美地区。最后，本章采用 BP 神经网络构建了中国 OFDI 国家风险预警模型，并对样本国家的国家风险进行了预测。

第六章

国家风险影响中国对外直接投资的实证研究

第一节 研究变量

一 变量的选取

根据理论分析，东道国的政治风险、经济风险、社会风险和对华风险会影响中国的对外直接投资，同时，根据已有文献研究发现，东道国的经济市场规模、劳动力成本、自然资源禀赋、人力资本、金融发展水平、汇率、城镇化水平等因素会对中国 OFDI 产生影响。下面选择相关变量并说明。

（一）被解释变量

对外直接投资额（lnofdi）。采取中国对 104 个国家对外直接投资存量，数据来源于 CEIC 数据库（香港环亚经济数据库），由于流量数据缺失较为严重，故选存量，同时对外投资存量更能代表一个投资的发展现状。本书采用以 2005 年为基期的 GDP 平减指数对 OFDI 进行平减以消除通货膨胀。

（二）解释变量

主要解释变量为国家风险，以及政治风险、经济风险、社会风险和对华风险四个子风险。四个子风险是通过采用因子分析提取主成分，最后计算出各国每个风险当年的风险值。而国家风险则是采用熵值法确定四个子风险每一年的权重，进而计算当年的国家风险数值。由于四个子风险值每一年的权重并不相同，所以国家风险值与子风险之间不存在简单的线性关系。

（三）控制变量

（1）东道国经济规模（lngdp），采用东道国 GDP 来表示。

（2）劳动力成本（lnagdp），采用一国人均 GDP 来表示。

（3）自然资源（reso），采用燃料、矿石金属出口占商品出口的百分比来表示。

（4）人力资本（hum），采用高等院校入学人数占总人数的百分比（入学率）表示。

（5）金融发展水平（fina），采用私营部门的国内信贷占 GDP 百分比表示，使用私营部门的国内信贷而不使用一国总体信贷，是因为私营部门的国内信贷能反映一国金融市场的灵活性。

（6）汇率（lnexch），一国本币升值，外币相对贬值时，会促进一国的对外直接投资，跨国公司的对外直接投资是从强币国流向弱币国。[1]

（7）城镇化（urb），采用非农人口占总人口的比例来表示。同样，控制变量中有货币因素的变量均以 2005 年为基期的 GDP 平减指数进行了平减。数据均来源于《世界银行数据库》。

二 统计描述与相关性分析

本章样本国家情况见上章表 5—1。相关变量的描述性统计如表 6—1 所示。

---

[1] Aliber R. Z., "A Theory of Direct Foreign Investment", *The International Corporation*, MA: MIT Press, 1970, pp. 12 – 36.

表6—1　　　　　　　　　变量统计描述

变量	样本容量	平均值	标准差	最小值	最大值
对华风险（RR）	1352	4.44e−05	0.442	−0.940	1.080
经济风险（ER）	1352	0.000111	0.505	−5.480	7.090
社会风险（SR）	1352	7.40e−05	0.425	−1.340	0.940
政治风险（PR）	1352	1.48e−05	0.588	−1.400	1.310
国家风险（CR）	1352	0.523	0.194	0.0995	0.971
对外直接投资（lnofdi）	1352	8.424	2.813	−1.027	15.14
经济规模（lngdp）	1352	24.91	2.189	19.27	30.44
劳动力成本（lnagdp）	1352	8.478	1.834	2.263	11.70
城镇化（urb）	1352	0.609	0.221	0.0844	0.983
人力资本（hum）	1352	0.414	0.267	0.00931	1.139
金融发展（fina）	1352	0.601	0.487	1.17e−05	2.533
自然禀赋（reso）	1352	0.362	0.590	8.96e−07	7.884
汇率（lnexch）	1352	2.886	3.186	−1.584	22.63

从表6—2的相关性分析可以看出，国家风险、对华风险、社会风险、政治风险与中国的对外直接投资呈现负的相关性，经济风险呈现弱的正相关性，说明东道国的非经济风险与中国的对外直接投资呈负相关性，同时，可以看出东道国的金融发展水平、资源禀赋、市场规模、劳动力工资水平、城镇化水平、汇率在统计上都与中国对外直接投资呈正向关系。

表 6—2 变量相关性

解释变量	lnofdi	lngdp	lnagdp	urb	hum	fina	reso	lnexch	CR	RR	ER	SR	PR
lnofdi	1												
lngdp	0.469***	1											
lnagdp	0.106***	0.689***	1										
urb	0.0220	0.465***	0.704***	1									
hum	0.045*	0.514***	0.635***	0.648***	1								
fina	0.205***	0.566***	0.693***	0.476***	0.566***	1							
reso	0.101***	-0.162***	-0.184***	-0.111***	-0.214***	-0.274***	1						
lnexch	0.131***	-0.274***	-0.453***	-0.426***	-0.374***	-0.359***	0.150***	1					
CR	-0.094***	-0.075***	0.0140	0.062**	0.095***	0.090***	-0.00500	0.077***	1				
RR	-0.136***	0.0310	0.066**	0.0430	0.147***	0.059**	-0.093***	0.065**	0.773***	1			
ER	0.0180	-0.084***	-0.058**	0.00100	-0.0260	-0.00400	0.070**	0.105***	0.484***	0.188***	1		
SR	-0.075***	-0.105***	0.0100	0.074***	0.053*	0.102***	0.065**	0.087***	0.876***	0.447***	0.540***	1	
PR	-0.091***	-0.140***	-0.0410	0.049*	0.0200	0.069**	0.049*	0.0350	0.874***	0.415***	0.510***	0.914***	1

三 变量的检验

(一) 共线性检验

对于计量模型，解释变量如果有多重共线性就可能导致部分的变量不能通过显著性检验。为了检验风险数据的共线性问题，采用相关系数矩阵检验风险值之间的相关性。检验结果如表6—3所示。

表6—3　　　　　　　　　　变量共线性检验

解释变量	加入国家风险 VIF	加入国家风险 1/VIF	未加入国家风险 VIF	未加入国家风险 1/VIF
CR	50.42	0.0198		
PR	15.64	0.0639	7	0.143
RR	12.73	0.0786	6.420	0.156
SR	10.05	0.0995	3.850	0.259
$\ln agdp$	3.860	0.259	2.440	0.410
urb	2.440	0.410	2.270	0.440
$fina$	2.280	0.438	2.190	0.457
hum	2.190	0.457	2.090	0.479
$\ln gdp$	2.090	0.479	1.430	0.697
ER	1.530	0.656	1.400	0.715
$\ln exch$	1.400	0.713	1.340	0.748
$reso$	1.130	0.888	1.130	0.888
Mean VIF	8.810		2.870	

从表6—3看出，方程中加入国家风险和未加入国家风险的平均VIF值分别为8.810和2.870，均小于10，并且未加入国家风险的平均VIF中每个变量的VIF值均小于10，而我们回归方程中的不是每个方程都加入了四种风险变量，总体说明，接下来的模型回归不存在共线性。

(二) 平稳性检验

在对模型进行回归之前，要对变量的平稳性进行检验，以避免伪回归现象。目前，常用的面板数据单位根检验法，主要有 LLC、Breitung、Hadri、IPS、Fisher – ADF 和 Fisher – PP 检验几种。其中，前三种检验法通常应用在截面数据间存在同质单位根的情形，而后三种检验法则主要应用在截面数据间存在异质单位根的情形。本书采用同质 LLC 单位根验检方法和异质 Fisher – ADF 单位根检验方法两种方法检验，结果见表 6—4。

表 6—4　　　　　　　　　　面板单位根检验

变量	LLC 检验	Fisher – ADF 检验	结论
对华风险（RR）	− 25.5020***	53.9122***	I (0)
经济风险（ER）	− 28.7855***	15.1780***	I (0)
社会风险（SR）	− 12.2587***	14.4342***	I (0)
政治风险（PR）	− 10.6553***	20.6935***	I (0)
国家风险（CR）	− 20.0448***	23.6671***	I (0)
对外直接投资（lnofdi）	− 26.8078***	18.4337***	I (0)
经济规模（lngdp）	− 8.3432***	9.0526***	I (0)
劳动力成本（lnagdp）	− 8.4428***	10.1413***	I (0)
城镇化（urb）	− 9.55434***	12.5977***	I (0)
人力资本（hum）	− 5.6024***	11.6187***	I (0)
金融发展（fina）	− 3.4650***	17.3553***	I (0)
自然禀赋（reso）	− 17.9803***	15.5515***	I (0)
汇率（lnexch）	− 5.3354***	11.1020***	I (0)

注：面板单位根检验包含截距项和趋势项，各检验法原假设都存在单位根，*** 表示参数在 1% 水平上显著，表中数值为各方法检验的统计值，滞后阶数根据 AIC 准则来自动确定。

从表6—4可以看出,对各变量的对数或水平数值进行平稳性检验时,LLC检验显示,所有变量拒绝"存在单位根"的原假设,接受"所有面板数据平稳"的备择假设,Fisher–ADF检验显示,所有变量拒绝"所有面板都包含单位根"的原假设,接受"至少有一个面板数据平稳"的备择假设。因此,面板数据所有变量是平稳性的,可以直接进行回归估计。

第二节 实证分析

一 模型的构建

根据以上理论及相关变量建立下列模型:

$$\ln ofdi_{it} = a_0 + u_i + \beta_1 X_{it} + \beta_2 \ln gdp_{it} + \beta_3 \ln agdp_{it} + \beta_4 urb_{it} + \theta_1 \ln hum_{it} + \theta_2 \ln fina_{it} + \theta_3 reso_{it} + \theta_4 \ln exch_{it} + \varepsilon_{it}$$

(6—1)

X代表分别代表政治风险、经济风险、社会风险、对华风险,u_i代表个体效应,ε_{it}代表随机误差项。分别对政治风险、经济风险、社会风险、对华风险进行普通最小二乘法(OLS),固定效应模型(FEM),随机效应模型(REM),考虑异方差和截面相关的固定效应模型(fe_scc),考虑异方差、截面相关和序列相关的固定效应模型(fe_scc_lag1)进行估计。

经过Hausman检验,其统计量的P值为0.000,拒绝随机效应模型,所以选择固定效应模型,同时,经过FEM、fe_scc、fe_scc_lag1模型对比分析,选择考虑异方差、截面相关和序列相关的固定效应模型(即表6—5中模型5)进行估计,此模型的稳健性优于其他模型。分别给出政治风险、经济风险、社会风险、对华风险的估计结果,如表6—5、表6—6、表6—7、表6—8所示。

表6—5 政治风险估计结果

解释变量	(1) ols	(2) fe	(3) re	(4) fe_scc	(5) fe_scc_lag1
lngdp	0.932***	8.184***	1.160***	8.184***	8.184***
	(23.54)	(13.14)	(9.79)	(7.92)	(7.88)
ln$agdp$	-0.571***	-7.114***	-1.368***	-7.114***	-7.114***
	(-8.93)	(-11.08)	(-8.48)	(-11.79)	(-11.09)
urb	0.218	20.670***	1.285	20.670***	20.670***
	(0.51)	(7.72)	(1.15)	(8.61)	(8.62)
hum	-1.350***	6.301***	5.442***	6.301***	6.301***
	(-4.11)	(10.61)	(9.30)	(8.72)	(9.73)
$fina$	1.310***	1.674***	2.400***	1.674***	1.674***
	(7.09)	(5.25)	(7.51)	(10.67)	(11.94)
$reso$	0.769***	-0.009	-0.003	-0.009	-0.009
	(7.17)	(-0.07)	(-0.02)	(-0.21)	(-0.20)
ln$exch$	0.158***	0.089**	0.204***	0.089***	0.089***
	(7.27)	(2.48)	(5.51)	(3.02)	(3.39)
PR	-0.158	0.519*	0.004	0.519*	0.519*
	(-1.48)	(1.79)	(0.02)	(1.73)	(1.68)
Constant	-11.062***	-151.598***	-13.937***	-151.598***	-151.598***
	(-13.28)	(-15.59)	(-6.00)	(-7.50)	(-7.60)
Observations	1352	1352	1352	1352	1352
R-squared	0.385	0.492		0.492	0.492
F	104.9	150.2		1547	930.8
Hausman			670.26 [0.000]		

注：***、**、*分别表示在10%、5%、1%水平下显著；( )内为参数估计的t统计值；[ ]内为P值。

表 6—6　　　　　　　　　　　　经济风险估计结果

解释变量	(1) ols	(2) fe	(3) re	(4) fe_scc	(5) fe_scc_lag1
lngdp	0.947***	8.169***	1.163***	8.169***	8.169***
	(24.24)	(13.13)	(9.90)	(8.04)	(8.02)
lnagdp	-0.561***	-7.090***	-1.366***	-7.090***	-7.090***
	(-8.79)	(-11.05)	(-8.48)	(-12.12)	(-11.43)
urb	0.117	20.502***	1.259	20.502***	20.502***
	(0.28)	(7.66)	(1.13)	(8.37)	(8.37)
hum	-1.359***	6.324***	5.444***	6.324***	6.324***
	(-4.13)	(10.65)	(9.31)	(8.53)	(9.47)
fina	1.243***	1.693***	2.396***	1.693***	1.693***
	(6.81)	(5.31)	(7.52)	(10.34)	(11.54)
reso	0.750***	-0.008	-0.003	-0.008	-0.008
	(6.99)	(-0.06)	(-0.02)	(-0.17)	(-0.16)
lnexch	0.153***	0.086**	0.203***	0.086***	0.086***
	(7.02)	(2.39)	(5.48)	(2.99)	(3.34)
ER	0.154	0.159*	0.138	0.159***	0.159***
	(1.27)	(1.88)	(1.36)	(2.66)	(2.92)
Constant	-11.375***	-151.341***	-14.018***	-151.341***	-151.341***
	(-13.88)	(-15.57)	(-6.09)	(-7.58)	(-7.71)
Observations	1352	1352	1352	1352	1352
R-squared	0.384	0.492		0.4923	0.4923
F	104.8	150.3		1719	911.3
Hausman		667.81 [0.000]			

注：***、**、*分别表示在10%、5%、1%水平下显著；( )内为参数估计的 t 统计值；[ ]内为 P 值。

表6—7 社会风险估计结果

解释变量	(1) ols	(2) fe	(3) re	(4) fe_scc	(5) fe_scc_lag1
ln*gdp*	0.930***	8.147***	1.155***	8.147***	8.147***
	(23.44)	(13.07)	(9.77)	(7.98)	(7.96)
ln*agdp*	-0.566***	-7.076***	-1.366***	-7.076***	-7.076***
	(-8.88)	(-11.01)	(-8.48)	(-12.10)	(-11.41)
urb	0.224	20.533***	1.307	20.533***	20.533***
	(0.53)	(7.64)	(1.17)	(7.91)	(7.90)
hum	-1.340***	6.336***	5.430***	6.336***	6.336***
	(-4.08)	(10.62)	(9.27)	(8.21)	(9.10)
fina	1.321***	1.693***	2.409***	1.693***	1.693***
	(7.14)	(5.29)	(7.53)	(10.47)	(11.70)
reso	0.775***	-0.011	0.000	-0.011	-0.011
	(7.22)	(-0.08)	(0.00)	(-0.26)	(-0.24)
ln*exch*	0.162***	0.087**	0.204***	0.087***	0.087***
	(7.38)	(2.41)	(5.51)	(3.05)	(3.42)
SR	-0.261*	0.045	-0.098	0.045	0.045
	(-1.76)	(0.12)	(-0.30)	(0.12)	(0.12)
Constant	-11.062***	-150.942***	-13.837***	-150.942***	-150.942***
	(-13.36)	(-15.51)	(-5.98)	(-7.55)	(-7.67)
Observations	1352	1352	1352	1352	1352
R-squared	0.385	0.491		0.491	0.491
F	105.1	149.4		3426	4189
Hausman		665.79 [0.000]			

注：***、**、* 分别表示在10%、5%、1%水平下显著；( )内为参数估计的t统计值；[ ]内为P值。

表6-8　　　　　　　　　　　对华风险估计结果

解释变量	(1) ols	(2) fe	(3) re	(4) fe_scc	(5) fe_scc_lag1
ln*gdp*	0.931***	8.150***	1.139***	8.150***	8.150***
	(24.19)	(13.07)	(9.89)	(8.00)	(7.97)
ln*agdp*	-0.547***	-7.081***	-1.346***	-7.081***	-7.081***
	(-8.67)	(-11.01)	(-8.49)	(-12.08)	(-11.33)
urb	0.047	20.568***	1.206	20.568***	20.568***
	(0.11)	(7.68)	(1.10)	(8.37)	(8.37)
hum	-1.052***	6.327***	5.410***	6.327***	6.327***
	(-3.21)	(10.64)	(9.29)	(8.50)	(9.45)
fina	1.243***	1.696***	2.392***	1.696***	1.696***
	(6.92)	(5.31)	(7.55)	(10.29)	(11.42)
reso	0.710***	-0.010	-0.005	-0.010	-0.010
	(6.70)	(-0.08)	(-0.03)	(-0.25)	(-0.23)
ln*exch*	0.173***	0.087**	0.206***	0.087***	0.087***
	(8.01)	(2.40)	(5.59)	(3.11)	(3.50)
RR	0.064	0.257*	0.088	0.257*	0.257*
	(0.13)	(1.17)	(0.34)	(1.29)	(1.36)
Constant	-11.229***	-150.970***	-13.531***	-150.970***	-150.970***
	(-13.92)	(-15.51)	(-5.99)	(-7.55)	(-7.67)
Observations	1352	1352	1352	1352	1352
R-squared	0.400	0.491		0.491	0.491
F	112.0	149.4		1551	825.4
Hausman			670.40 [0.000]		

注：***、**、*分别表示在10%、5%、1%水平下显著；( ) 内为参数估计的t统计值；[ ] 内为P值。

二 实证结果分析

表 6—5 至表 6—8 中的 5 个模型中，（1）（2）（3）（4）（5）分别表示四种风险（风险值越高表示风险越小）的普通最小二乘法（OLS），固定效应模型（FEM），随机效应模型（REM），考虑异方差和截面相关的固定效应模型（fe_scc），考虑异方差、截面相关和序列相关的固定效应模型（fe_scc_lag1）的估计。同时，从 5 个模型的 Hausman 检验发现均拒绝了随机效应模型，从表 6—5 至表 6—8 中可以看出东道国对华风险对中国的对外直接投资系数为 0.257，10% 水平下显著，说明中国与各国的双边关系对中国的对外直接投资有促进作用，但只是在 10% 水平下显著，且系数不大，说明现阶段中国需要通过"一带一路"倡议合作加强与各国之间的合作关系，增强对外合作交流；东道国国家的经济风险对中国的对外直接投资系数为 0.159，10% 水平下显著，模型 5（fe_scc_lag1）中 1% 水平下显著，说明一国的经济风险因素对中国 OFDI 有阻碍作用；东道国国家的社会风险对中国 OFDI 系数为 0.045，但是不显著，说明东道国国家的社会的稳定能够促进中国的对外直接投资，但是作用不是很明显。同时，东道国国家政治风险对中国的对外直接投资系数为 0.519，10% 水平下显著，政治稳定作为一国发展的重要因素，对中国的对外直接投资极为重要。

表 6—5 至表 6—8 中的控制变量，104 个国家中 GDP 是中国考虑对外直接投资的重要因素，东道国国家的经济规模越大，中国对其投资越多，说明中国的对外直接投资是市场寻求型，这与邱立成等的研究一致。劳动力成本、人均 GDP 与中国 OFDI 显著负相关，自然资源禀赋的影响作用并不显著。[①] 这表明，中国在"一带一路"沿线国家的 OFDI 大多是劳动要素利用型的，而不属于资源要

[①] 邱立成、刘奎宁、王自锋：《东道国城镇化与中国对外直接投资》，《国际贸易问题》2016 年第 4 期。

素利用型。这和崔岩和于津平的研究一致。原因可能在于中国对外直接投资起步较晚。[①] 同时，东道国城镇化能显著促进中国的对外直接投资，一国的城镇化的发展，需要大量的基础设施建设，产生大量的国内需求，进而促进中国的对外直接投资，东道国国家的金融发展水平和人力资本也能促进中国的对外直接投资，说明东道国国家的金融发展水平越高，越能为中国企业的 OFDI 活动提供资金保障，而东道国的人力资本也就越能为中国 OFDI 提供人才保障，吸引中国向海外寻求技术逆向溢出。同时，东道国货币的贬值能够吸引中国对外直接投资，一国货币的贬值，使海外资产变得相对"便宜"，有助于降低汇兑成本和风险。[②]

三 稳健性分析

稳健性分析采用两种方式：其一，内生性检验；其二，四种风险逐步进入模型。为了检验中国对外直接投资和四种风险之间是否有相互影响作用，我们选取四种风险的滞后一期、滞后二期作为工具变量来对方程重新估计，估计结果如下。

（一）内生性检验

采用 Davidson – MacKinnon 检验来判定模型和各个解释变量的内生性，Dmexogxt 中的统计量 P 值都接受了四种风险与中国对外直接投资不存在内生性的假设，同时，从表6—9 中的四个模型可以看出滞后一期、滞后二期的四种风险都变得不显著，控制变量系数的正负性和显著性与上述四个模型基本一致，内生性问题得到解决。

[①] 崔岩、于津平：《"一带一路"国家基础设施质量与中国对外直接投资——基于面板门槛模型的研究》，《世界经济与政治论坛》2017 年第 5 期。

[②] 王海军：《政治风险与中国企业对外直接投资——基于东道国与母国两个维度的实证分析》，《财贸研究》2012 年第 1 期。

表6—9　　　　　　　　　　内生性检验

解释变量	(1) fe1	(2) fe2	(3) fe3	(4) fe4
lngdp	6.355***	6.199***	6.306***	6.392***
	(9.23)	(8.25)	(9.16)	(9.29)
lnagdp	-6.070***	-5.971***	-6.036***	-6.122***
	(-8.56)	(-7.86)	(-8.57)	(-8.69)
urb	22.646***	23.176***	23.135***	22.955***
	(7.53)	(7.18)	(7.71)	(7.68)
hum	5.381***	5.414***	5.299***	5.338***
	(8.87)	(8.35)	(8.71)	(8.81)
fina	1.544***	1.553***	1.620***	1.494***
	(4.54)	(4.34)	(4.78)	(4.43)
reso	0.017	-0.028	0.033	0.015
	(0.10)	(-0.14)	(0.19)	(0.09)
lnexch	0.099**	0.096**	0.092**	0.100**
	(2.12)	(2.16)	(2.19)	(2.41)
RR	0.289			
	(0.11)			
ER		-0.813		
		(-0.96)		
SR			-0.763	
			(-1.37)	
PR				0.701
				(1.42)
Constant	-115.497***	-112.781***	-114.871***	-116.127***
	(-10.61)	(-9.51)	(-10.63)	(-10.73)
Observations	1144	1144	1144	1144
	(0.0202)	(1.3925)	(0.9303)	[0.9107]
P - Dmexogxt	[0.887]	[0.2383]	[0.335]	[0.3402]

注：***、**、*分别表示在10%、5%、1%水平下显著；( ) 内为参数估计的t统计值；[ ] 内为P值。

(二) 四种风险逐步进入模型

从表6—10中的7个模型可以看出,无论两种风险的回归模型,还是三种风险的回归模型,以及四种风险的回归模型,得到的四种风险的回归系数和显著性都与上述四种单独加入每个风险的结果基本一致,同时,控制变量的系数和显著性也基本一致,稳健性得到了检验。下面我们对国家总体风险也进行了模型估计,结果如表6—11所示。

表6—10　　　　　　　　四种风险逐步进入模型

解释变量	(1) fe1	(2) fe2	(3) fe3	(4) fe4	(5) fe5	(6) fe6	(7) fe7
$lngdp$	8.207***	8.169***	8.173***	8.211***	8.210***	8.173***	8.214***
	(13.19)	(13.12)	(13.12)	(13.19)	(13.19)	(13.12)	(13.19)
$lnagdp$	−7.13***	−7.09***	−7.10***	−7.14***	−7.13***	−7.10***	−7.14***
	(−11.11)	(−11.04)	(−11.04)	(−11.12)	(−11.11)	(−11.04)	(−11.12)
urb	20.616***	20.520***	20.517***	20.769***	20.628***	20.537***	20.784***
	(7.71)	(7.65)	(7.66)	(7.74)	(7.71)	(7.65)	(7.74)
hum	6.295***	6.320***	6.320***	6.259***	6.291***	6.316***	6.255***
	(10.61)	(10.61)	(10.64)	(10.50)	(10.59)	(10.59)	(10.48)
$fina$	1.672***	1.695***	1.694***	1.683***	1.673***	1.696***	1.684***
	(5.25)	(5.30)	(5.31)	(5.27)	(5.25)	(5.31)	(5.27)
$reso$	−0.007	−0.007	−0.008	−0.002	−0.008	−0.008	−0.002
	(−0.05)	(−0.05)	(−0.06)	(−0.01)	(−0.06)	(−0.06)	(−0.02)
$lnexch$	0.089**	0.086**	0.086**	0.087**	0.088**	0.085**	0.087**
	(2.46)	(2.38)	(2.38)	(2.43)	(2.45)	(2.36)	(2.41)
ER	0.162*	0.160*	0.160*	0.169**	0.163*	0.161*	0.170**
	(1.92)	(1.88)	(1.89)	(1.99)	(1.92)	(1.89)	(1.99)
PR	0.529*			0.590*	0.528*		0.590*
	(1.83)			(1.94)	(1.82)		(1.94)
SR		−0.036		−0.270		−0.039	−0.272
		(−0.09)		(−0.67)		(−0.10)	(−0.67)

续表

解释变量	(1) fe1	(2) fe2	(3) fe3	(4) fe4	(5) fe5	(6) fe6	(7) fe7
RR			0.241*		0.252*	0.250*	0.256*
			(1.23)		(1.19)	(1.13)	(1.25)
Constant	-152***	-151***	-151***	-152***	-152***	-151***	-152***
	(-15.65)	(-15.57)	(-15.57)	(-15.65)	(-15.64)	(-15.56)	(-15.65)
Observations	1352	1352	1352	1352	1352	1352	1352
R-squared	0.494	0.492	0.492	0.494	0.494	0.492	0.494
F	134.2	133.5	133.5	120.8	120.7	120.0	109.7

注：***、**、*分别表示在10%、5%、1%水平下显著；()内为参数估计的t统计值；[]内为P值。

表6—11　　　　　　　　　　国家总体风险模型估计

解释变量	(1) ols	(2) fe	(3) re	(4) fe_scc	(5) fe_scc_lag1
lngdp	0.927***	8.002***	1.195***	8.002***	8.002***
	(23.55)	(12.93)	(10.18)	(8.27)	(8.21)
lnagdp	-0.567***	-6.938***	-1.362***	-6.938***	-6.938***
	(-8.91)	(-10.88)	(-8.49)	(-12.08)	(-11.33)
urb	0.212	19.556***	1.113	19.556***	19.556***
	(0.50)	(7.34)	(1.01)	(7.27)	(7.56)
hum	-1.277***	6.208***	5.291***	6.208***	6.208***
	(-3.88)	(10.52)	(9.06)	(9.28)	(10.20)
fina	1.323***	1.537***	2.267***	1.537***	1.537***
	(7.23)	(4.83)	(7.10)	(10.68)	(11.70)
reso	0.764***	-0.001	0.005	-0.001	-0.001
	(7.15)	(-0.01)	(0.03)	(-0.02)	(-0.02)
lnexch	0.164***	0.093***	0.199***	0.093***	0.093***
	(7.50)	(2.59)	(5.38)	(3.18)	(3.60)

续表

解释变量	(1) ols	(2) fe	(3) re	(4) fe_scc	(5) fe_scc_lag1
CR	-0.853***	3.898***	2.505***	3.898*	3.898*
	(-2.67)	(4.62)	(3.50)	(1.96)	(1.95)
Constant	-10.554***	-149.802***	-15.913***	-149.802***	-149.802***
	(-12.24)	(-15.52)	(-6.74)	(-7.77)	(-7.86)
Observations	1352	1352	1352	1352	1352
R-squared	0.387	0.499		0.499	0.499
F	105.9	154.6		7545	2996
Hausman			681.60 [0.000]		

注：***、**、*分别表示在10%、5%、1%水平下显著；( )内为参数估计的 t 统计值；[ ]内为 P 值。

从国家风险的回归模型可以看出，东道国国家风险的系数为3.898，1%水平下显著为正，说明一国国家越安全稳定，越能吸引中国的对外直接投资，表中的控制变量的系数正负性和显著性也基本和上述4个模型保持一致。

第三节 面板门槛模型分析

一 面板门槛模型

（一）基本原理

依据 Hansen 的非动态面板门槛模型回归思路，[①] 首先建立 Hansen (1999) 的单一门槛模型：

---

① Hansen B. E., "Threshold Effects in Non-dynamic Panels: Estimation, Testing, and Inference", *Journal of Econometrics*, Vol. 93, No. 2, 1999, pp. 345 – 368.

$$y_{it} = u_i + \beta_1' x_{it} I(q_{it} \leqslant \gamma) + \beta_2' x_{it} (q_{it} > \gamma) + \varepsilon_{it} \quad (6\text{—}2)$$

其中，$i = 1, 2, \cdots, N$ 表示不同的个体，$t = 1, 2, \cdots, T$ 表示时间，q_{it} 为门槛变量，$I(\bullet)$ 为指示性函数，相应条件成立时取 1，否则取 0。上面方程也可表示为：

$$y_{it} = \begin{cases} u_i + x_{it} \beta_1' + \varepsilon_{it} & q_{it} \leqslant r \\ u_i + x_{it} \beta_2' + \varepsilon_{it} & q_{it} > r \end{cases} \quad (6\text{—}3)$$

令 $x_{it}(\gamma) = \begin{cases} x_{it} I(q_{it} \leqslant \gamma) \\ x_{it} I(q_{it} > \gamma) \end{cases}$，$\beta = (\beta_1' \beta_2')$，等价于：

$$y_{it} = u_i + \beta x_{it}'(\gamma) + \varepsilon_{it} \quad (6\text{—}4)$$

（二）面板门槛的回归估计

1. 消除固定效应

首先，对上式去除个体效应 u_i，采用的方法就是去除组内平均值，之后进行各自组内平均得到：$y_{it}^* = x_{it}^*(\gamma)\beta + \varepsilon_{it}^*$，进一步将个体观察值进行累叠，得到：$Y^* = X^*(\gamma)\beta + \varepsilon^*$，对于给定 γ 值，采用最小二乘法（OLS）得到参数 β 的一致估计量，即，$\beta(\gamma) = [X^*(\gamma)'X^*(\gamma)]^{-1}X^*(\gamma)'Y^*$，相应的残差向量为：$e^*(\gamma) = Y^* - X^*(\gamma)\beta^*(\gamma)$，残差平方和为：$S_1(\gamma) = e^*(\gamma)'e^*(\gamma)$。

2. 门槛值的检验

采用最小二乘法来估计 γ，逐步搜索法最小化 $S_1(\gamma)$ 的 γ 估计值，即对应的门槛值，$\gamma = \arg\min_{\gamma} S_1(\gamma)$，最终得到：$\beta = \beta(\gamma)$、残差向量 $e^* = e^*(\gamma)$。最后，对门槛效应进行检验：原假设：$H_0: \beta_1 = \beta_2$，备择假设：$H_1: \beta_1 \neq \beta_2$，若 H_1 成立，表示存在门槛效应。构造统计量 $F_1 = \dfrac{S_0 - S_1(\gamma)}{\sigma_\varepsilon^2}$，$S_0$ 对应 H_0 条件下成立的残差平方和，$S_1(\gamma)$ 对应 H_1 条件下成立的残差平方和，采用 Hansen "自体抽样法"来获取的基于似然比检验的 P 值，若 P 值显著，则说明至少存在一个门槛，然后，对门槛的真实性进行检验，提出

原假设 H_0：$\gamma = \gamma_0$，构建似然比统计量为：$LR_1(\gamma) = \dfrac{S_1(\gamma) - S_1(\gamma)}{\hat{\sigma}}$，统计量 LR 的分布是非标准的，根据 Hansen 构造的反函数公式：$c(\alpha) = -2\ln(1 - \sqrt{1-\alpha})$，[1] 当 $LR_1(\gamma) > c(\alpha)$ 时，拒绝原假设，α 为显著性水平。当存在至少一个门槛值时，需要确定是否存在两个或者两个以上的门槛，按照上述方法重新搜寻下一个门槛值，依此类推。

二 门槛数量确定和估计

根据面板门槛模型解释，构建基于城镇化、金融发展、人力资本变量的门槛方程模型方程，采用软件 Stata14 对门槛个数进行确定，通过搜索计算单一门槛、双重门槛、三重门槛的 F 统计量，借助 Bootstrap 方法重复抽样 500 次得到的经验 P 值。分别计算出国家风险基于城镇化、金融发展、人力资本三种门槛的门槛效果自抽样检验、门槛估计值与其置信区间。与此同时，采用似然比函数来呈现国家风险的 3 种门槛数值和置信区间形成的过程，然后分别对四个子风险模型进行估计分析。

大部分学者从市场寻求动机[2]、战略资源寻求动机[3]、自然资源寻求动机[4]研究中国对外直接投资的区位选择，同时，也有学者从东道国制度环境研究对中国对外直接投资的影响[5]。很少有学者

---

[1] Hansen, B. E. (1999). Threshold effects in non – dynamic panels: estimation, testing and inference. Journal of Econometrics, 93 (02), 345 – 368. DOI: 10.1016/S0304 – 4076 (99) 00025 – 1.

[2] Buckley P. J., Clegg L. J., Cross A. R., et al., "The Determinants of Chinese Outward Foreign Direct Investment", Journal of International Business Studies, Vol. 38, No. 4, 2007, pp. 499 – 518.

[3] Deng, P., "Foreign Direct Investment by Transnational from Emerging Countries: The Case of China", Journal of Leadership and Organizational Studies, Vol. 10, No. 2, 2003, pp. 113 – 124.

[4] 蒋冠宏、蒋殿春：《中国对外投资的区位选择：基于投资引力模型的面板数据检验》，《世界经济》2012 年第 9 期。

[5] Yeung, H. W., Liu, W., "Globalizing China: The Rise of Mainland Firms in the Global Economy", Eurasian Geography & Economics, Vol. 49, No. 1, 2008, pp. 57 – 86.

从城镇化、金融发展、人力资本的角度去考虑国家风险对中国 OFDI 的影响。总之，本书就以上三种变量作为门槛来研究国家风险对中国 OFDI 的影响。

（一）城镇化水平门槛效应

城镇化水平代表了东道国发展的红利，鲜有学者从该角度研究东道国城镇化对中国 OFDI 的影响，特别是城镇化作为一个不断发展变化的过程，东道国国家的风险对中国对外直接投资的影响是否会因为东道国国家城镇化的不断变化而产生不同的影响，值得研究。

东道国城镇化可以从人口转移效应、投资效应、劳动生产率效应、要素重置和集聚效应来影响中国的对外直接投资。一是人口转移效应。城镇化过程中，大量劳动力向城市集聚，为城市提供了大量廉价的劳动力，产生了巨大的消费需求，李克强指出城镇化率每提高 1%，可以吸纳 1000 多万农村人口转移到城镇，带动 1000 多亿元的消费需求。[①] 巨大的消费需求和较低劳动成本有利于促进中国的对外直接投资。同时，城镇化使农村人口市民化，提高了劳动者的综合素质，为中国的对外直接投资奠定了良好的外部环境。二是投资效应。城镇化过程中需要进行大量的交通基础设施和公共服务的建设，东道国政府会通过招商引资来进行相应的建设，这为中国对外直接投资提供了有利的条件。三是劳动生产率效应。城镇化促进了产业结构的升级，改变了经济发展的形态和就业形式，打破了劳动力市场二元结构，提高了市场的竞争性和流动性，优化了人才资源的配置，提高生产率，促进中国对外直接投资。四是要素重置和集聚效应。城镇化过程有助于人力、财力、物力等要素集聚和配置，促进技术创新，进而产生规模经济，吸引中国对外直接投资。

从上面城镇化四种效应可以看出，东道国国家风险在影响

---

① 李克强：《在改革开放进程中深入实施扩大内需战略》，《求是》2012 年第 4 期。

中国对外直接投资的过程中,城镇化扮演了重要的角色。由于各国自然资源、地理条件、经济基础不同,各国的城镇化水平也不尽相同,同时,城镇化是一个随时间不断发展变化的过程,一国国家的风险对中国的对外直接投资影响可能会产生一个基于城镇化水平的非线性作用。当东道国城镇化水平较低时,城镇化的四种效应难以充分发挥出来,在一定程度上使东道国国家环境条件变得不够稳定和安全,从而会抑制中国对东道国国家的对外直接投资,反之,当东道国国家城镇化水平达到一定程度时,一国国家的安全系数上升,从而促进中国的对外直接投资。

因此,在研究国家风险对中国 OFDI 的影响中,城镇化应当作为一个不容忽视的门槛。

从表6—12可以看出,在单一门槛的情况下,对应的 F 值为 68.588,P 值为 0.000,在1%水平下显著;在双重门槛下,对应的 F 值为 32.172,P 值为 0.010,同样,在1%水平下显著;在三重门槛下,对应的 F 值为 31.043,P 值为 0.010,1%水平下显著。表 6—13分别给出单一门槛值 0.793,双重门槛值为 0.738、0.793,三重门槛值为 0.605,因此,城镇化存在三重门槛。

表6—12　　　国家风险—城镇化水平门槛效果自抽样检验

模型	F 值	P 值	BS 次数	临界值 1%	临界值 5%	临界值 10%
单一门槛	68.588***	0.000	500	45.565	24.454	11.669
双重门槛	32.172***	0.010	500	32.244	19.564	12.378
三重门槛	31.043***	0.010	500	30.614	17.619	11.089

注:*、**、*** 分别表示在1%、5%、10%水平下显著。

表6—13　　　国家风险—城镇化水平门槛估计值与其置信区间

城镇化规模门槛	门槛值	95%置信区间
单一门槛（γ_1）	0.793	[0.791, 0.795]
双重门槛（γ_1，γ_2）	0.738	[0.605, 0.742]
	0.793	[0.793, 0.793]
三重门槛（γ_3）	0.605	[0.532, 0.606]

图6—1就是采用似然比函数呈现的城镇化三重门槛的数值和置信区间形成的过程，两个门槛值是通过优化搜索的方法进行搜索确定的。

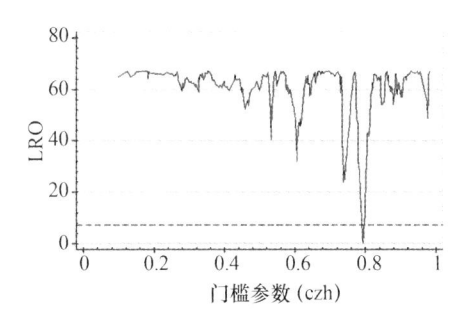

图6—1a　单一门槛的估计值和置信区间

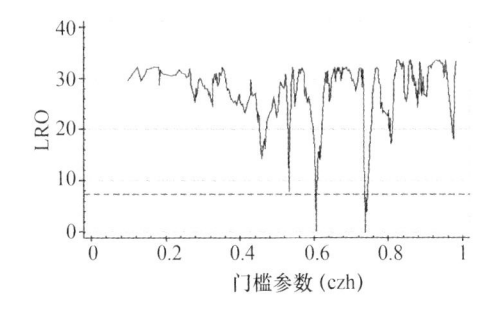

图6—1b　双重门槛下第二门槛的估计值和置信区间

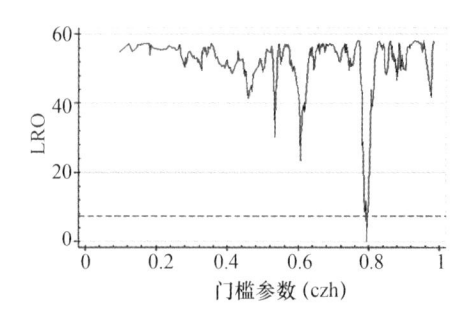

图6—1c 双重门槛下重新搜索第一门槛的估计值和置信区间

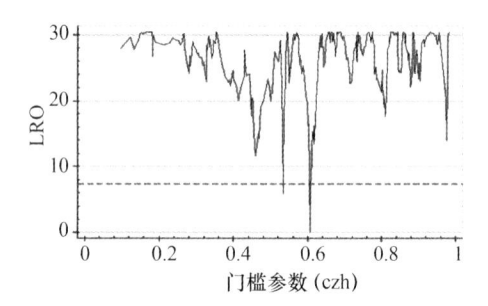

图6—1d 第三门槛的估计值和置信区间

图6—1 国家风险—城镇化水平门槛估计值与其置信区间

图6—1a、图6—1b、图6—1c、图6—1d中纵坐标轴表示似然比函数值,横坐标轴为门槛参数,虚线为95%置信区间上的似然比临界值。同时,找出与图6—1a曲线与虚线相交的虚线下方的曲线最低点对应的门槛参数(urb)数值,确定为第一门槛的数值,其值为0.793,图6—1b为固定第一门槛值,搜索第二个门槛值,其值为0.738,图6—1c为固定第一个门槛去重新搜索第一个门槛值,得到其值为0.793,图形大致与图6—1a类似,从而双重门槛的稳健性得到检验。图6—1d是第三门槛的估计值和置信区间,其数值为0.605。

(二)金融发展水平门槛效应

在研究中国对东道国投资的影响因素中,东道国金融发展水平容易成为大部分学者容易忽视的一个因素。中国对外直接投资也就是将资金运用到东道国国家的过程。由于中国金融发展水平相对滞后，除了受金融机构偏爱的国有企业和大型企业，一些中小民营企业存在贷款困难、资金短缺的现象。因此，东道国的金融发展就成为中国企业对外直接投资的重要因素之一。金融发展反映了资源配置能力，金融发展水平的高低，已经成为影响东道国能否成为外商投资目的地的关键因素。[1]

东道国金融发展对中国对外直接投资的影响可以从以下两个方面来考虑，一是完善的金融市场可以降低企业对外直接投资的成本。跨国公司生产经营中存在要素成本和中间商品成本，[2] 东道国金融发展影响上下游企业要素和中间商品的供给成本，当一国金融发展水平较高时，融资成本较低，减少了上下游企业需要资金支持的技术研发成本，进而能为中国跨国公司提供成本较低的中间商品与服务。二是完善的金融市场可以增加企业对外直接投资的机会。一国金融市场的完善代表一国购买力的水平，金融发展水平越高，购买力越强，相应的市场规模也就越大，企业的投资机会越多，越容易吸引外商的直接投资。

可见，东道国的金融发展水平对中国对外直接投资的作用也应当不容忽视，在考虑国家风险对中国对外直接投资的影响中，金融发展应当作为一个不容忽视的门槛。

从表6—14可以看出，在单一门槛的情况下对应的F值为35.680，P值为0.010，在1%水平下显著；双重门槛下对应的F值为23.699，P值为0.037，同样，在5%水平下显著；三重门槛下对应的F值为12.238，P值为0.083，在10%水平下显著。表6—

---

[1] 沈军、包小玲：《中国对非洲直接投资的影响因素——基于金融发展与国家风险因素的实证研究》，《国际金融研究》2013年第9期。
[2] 杨傲然：《东道国金融发展水平对FDI流入量的影响机制研究特区经济》2014年第10期。

15 分别给出单一门槛值 1.113，双重门槛值为 0.254、1.113，三重门槛值为 0.590，因此，金融发展水平存在三重门槛。

表 6—14　　国家风险—金融发展水平门槛效果自抽样检验

模型	F 值	P 值	BS 次数	临界值 1%	5%	10%
单一门槛	35.680***	0.010	500	32.794	13.168	9.748
双重门槛	23.699**	0.037	500	38.358	20.842	16.644
三重门槛	12.238*	0.083	500	28.785	15.468	10.961

注：*、**、*** 分别表示在 1%、5%、10% 水平下显著。

表 6—15　　国家风险—金融发展水平门槛效果估计值与其置信区间

金融发展门槛	门槛值	95% 置信区间
单一门槛（γ_1）	1.113	[1.099, 1.229]
双重门槛（γ_1, γ_2）	0.254	[0.247, 0.288]
	1.113	[1.095, 1.229]
三重门槛（γ_3）	0.590	[0.061, 1.272]

图 6—2 通过似然比函数展示出三重门槛的数值及其置信区间的形成过程，门槛值是通过优化搜索的方法进行搜索确定的。

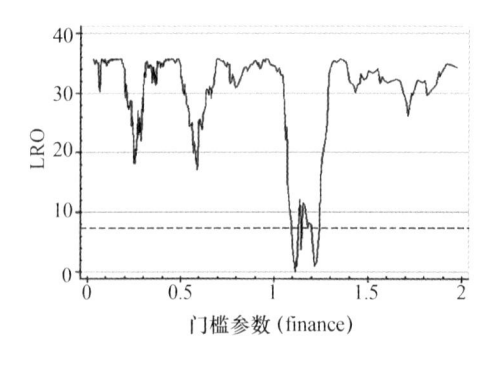

图 6—2a　单一门槛的估计值和置信区间

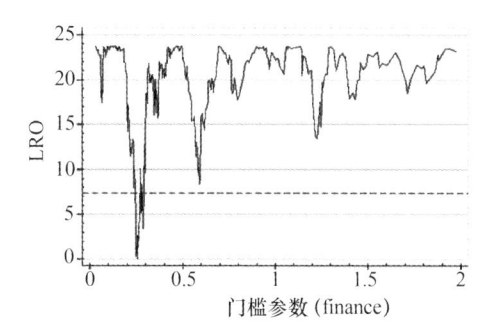

图 6—2b 双重门槛下第二门槛的估计值和置信区间

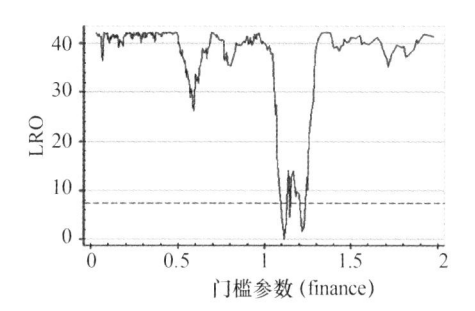

图 6—2c 双重门槛下重新搜索第一门槛的估计值和置信区间

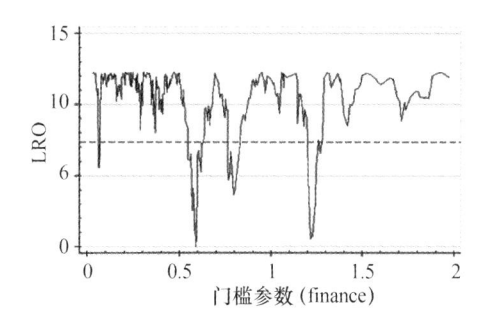

图 6—2d 第三门槛的估计值和置信区间

图 6—2 国家风险—金融发展水平门槛估计值与其置信区间

图 6—2a、图 6—2b、图 6—2c、图 6—2d 中纵坐标轴表示似然比函数值，横坐标轴为门槛参数，虚线为 95% 置信区间上的似然比临界值。同时，找出与图 6—2a 曲线与虚线相交的虚线下方的曲线

最低点对应的门槛参数（finance）数值，确定为第一门槛的数值，其值为1.113，图6—2b为固定第一门槛值，搜索第二个门槛值，其值为0.254，图6—2c为固定第一个门槛去重新搜索第一个门槛值，得到其值为1.113，图形大致与图6—2a类似，从而双重门槛的稳健性得到检验。图6—2d是第三门槛的估计值和置信区间，其数值为0.590。

（三）人力资本门槛

随着全球化不断地发展，科技兴国、人才强国战略逐渐被纳入国家发展战略，高素质人才具备相应的专业知识与技能，能进行相应的创新劳动，为企业带来利润与收益。由于地理、文化距离的差距，中国的对外直接投资必须依靠东道国的人力资本来进行相应的生产研发，以便节约成本，因此，东道国国家的人力资本也应当是中国对外直接投资考虑的一个因素，那么，在研究国家风险对中国对外直接投资过程中，人力资本应当作为一个门槛变量来考虑。

从表6—16可以看出，在单一门槛的情况下对应的F值为18.049，P值为0.037，在5%水平下显著；在双重门槛下对应的F值为23.244，P值为0.003，在1%水平下显著；在三重门槛下对应的F值为21.316，P值为0.003，在1%水平下显著。表6—17分别给出单一门槛值0.334，双重门槛值为0.769、0.334，三重门槛值为0.757，因此，人力资本存在三重门槛。

表6—16　　　　国家风险—人力资本水平门槛效果自抽样检验

模型	F值	P值	BS次数	临界值 1%	临界值 5%	临界值 10%
单一门槛	18.049**	0.037	500	24.888	14.698	10.885
双重门槛	23.244***	0.003	500	20.159	13.178	10.062
三重门槛	21.316***	0.003	500	16.540	9.249	6.768

注：*、**、*** 分别表示在1%、5%、10%水平下显著。

表6—17　国家风险—人力资本水平门槛效果估计值与其置信区间

人力资本	门槛值	95%置信区间
单一门槛（γ_1）	0.334	[0.305, 0.776]
双重门槛（γ_1，γ_2）	0.769	[0.769, 0.776]
	0.334	[0.313, 0.728]
三重门槛（γ_3）	0.757	[0.724, 0.757]

图6—3通过似然比函数展示出三重门槛的数值及其置信区间的形成过程，门槛值是通过优化搜索的方法进行搜索确定的。

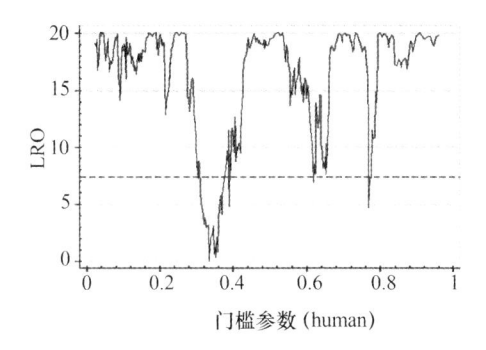

图6—3a　单一门槛的估计值和置信区间

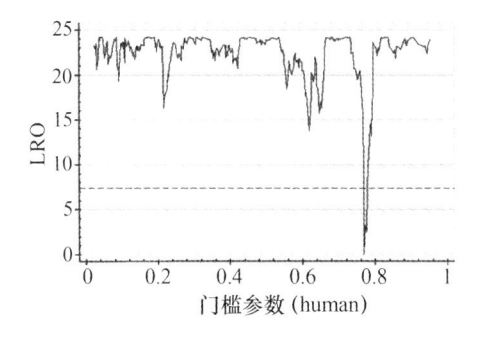

图6—3b　双重门槛下第二门槛的估计值和置信区间

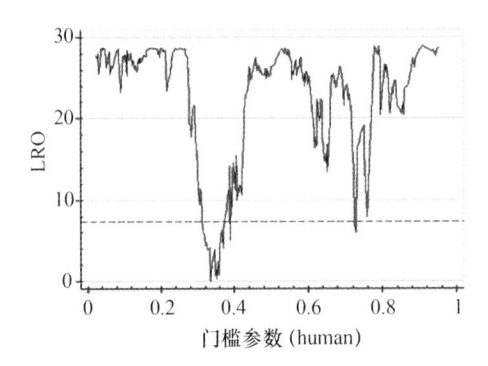

图 6—3c 双重门槛下重新搜索第一门槛的估计值和置信区间

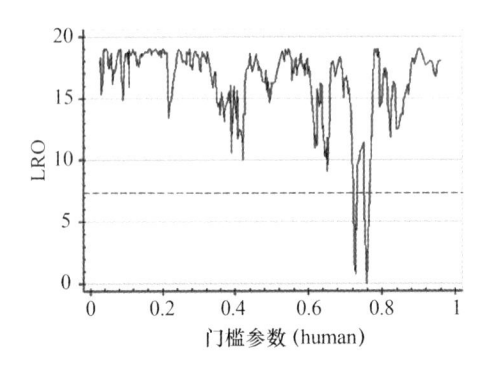

图 6—3d 第三门槛的估计值和置信区间

图 6—3 国家风险—人力资本水平门槛估计值与其置信区间

三 实证分析

根据以上分析,分别针对城镇化、金融发展和人力资本门槛进行模型构建与估计。方程如下:

(一)模型构建

1. 城镇化门槛模型(urb)

$\ln ofdi_{it} = a_0 + u_i + \beta_1 CR_{it} \times I(urb \leq \gamma_1) + \beta_2 CR_{it} \times I(\gamma_1 < urb \leq \gamma_2) + \beta_3 CR_{it} \times I(\gamma_2 < urb \leq \gamma_3) + \beta_4 CR_{it}(\gamma_3 < urb) + \theta_1 \ln gdp_{it} + \theta_2 \ln agdp_{it} + \theta_3 urb_{it} + \theta_4 \ln hum_{it} + \theta_5 \ln fina_{it} + \theta_6 reso_{it} + \theta_7 \ln exch_{it} + \varepsilon_{it}$

(6—5)

2. 金融发展门槛模型 (fina)

$$\ln ofdi_{it} = a_0 + u_i + \beta_1 CR_{it} \times I(fina \leq \gamma_1) + \beta_2 CR_{it} \times I(\gamma_1 < fina \leq \gamma_2) + \beta_3 CR_{it} \times I(\gamma_2 < fina \leq \gamma_3) + \beta_4 CR_{it}(\gamma_3 < fina) + \theta_1 \ln gdp_{it} + \theta_2 \ln agdp_{it} + \theta_3 urb_{it} + \theta_4 \ln hum_{it} + \theta_5 \ln fina_{it} + \theta_6 reso_{it} + \theta_7 \ln exch_{it} + \varepsilon_{it}$$

(6—6)

3. 人力资本门槛模型 (hum)

$$\ln ofdi_{it} = a_0 + u_i + \beta_1 CR_{it} \times I(hum \leq \gamma_1) + \beta_2 CR_{it} \times I(\gamma_1 < hum \leq \gamma_2) + \beta_3 CR_{it} \times I(\gamma_2 < hum \leq \gamma_3) + \beta_4 CR_{it}(\gamma_3 < hum) + \theta_1 \ln gdp_{it} + \theta_2 \ln agdp_{it} + \theta_3 urb_{it} + \theta_4 \ln hum_{it} + \theta_5 \ln fina_{it} + \theta_6 reso_{it} + \theta_7 \ln exch_{it} + \varepsilon_{it}$$

(6—7)

（二）实证结果分析

从东道国城镇化门槛模型看（见表6—18），当城镇化水平低于0.605，东道国国家风险值（国家风险值越高表示风险水平越低）对中国的对外直接系数为-0.474，但是不显著；当城镇化水平介于（0.605，0.738］之间时，系数变为2.219，在5%水平下显著；当城镇化水平介于（0.738，0.793］之间时，系数变为5.518，在1%水平下显著；当城镇化水平高于0.793时，系数变为9.960，在1%水平下显著。这说明东道国国家的风险值对中国对外直接投资是一个基于城镇化水平的非线性关系，随着城镇化水平的提高，国家风险阻碍中国对外直接投资的作用就越发明显。

表6—18　　　　　　　　国家风险门槛估计结果

解释变量	(1)城镇化门槛	(2)金融发展水平门槛	(3)人力资本门槛
lngdp	8.058***	8.453***	7.987***
	(13.61)	(13.95)	(13.19)
lnagdp	-6.864***	-7.516***	-6.928***
	(-11.25)	(-12.00)	(-11.10)

续表

解释变量	（1）城镇化门槛	（2）金融发展水平门槛	（3）人力资本门槛
urb	15.356***	16.012***	18.093***
	(5.92)	(6.03)	(6.91)
fina	1.343***	0.990***	1.447***
	(4.41)	(2.80)	(4.63)
reso	−0.0729	−0.073	0.010
	(−0.57)	(−0.56)	(0.07)
hum	6.080***	6.762***	8.318***
	(10.76)	(11.51)	(11.94)
lnexch	0.084**	0.092***	0.094***
	(2.45)	(2.64)	(2.70)
CR_1	−0.474	2.872***	4.755***
	(−0.52)	(3.25)	(5.56)
CR_2	2.219**	4.113***	3.236***
	(2.52)	(4.88)	(3.88)
CR_3	5.518***	3.052***	5.860***
	(5.82)	(3.62)	(5.78)
CR_4	9.960***	5.102***	2.053**
	(10.18)	(5.76)	(2.27)
Constant	−148.7719***	−153.761***	−149.382
	(−16.11)	(−16.31)	(−15.80)
Observations	1352	1352	1352
R−squared	0.5451	0.5250	0.5219
F	134.76	124.29	122.76

注：***、**、*分别表示在10%、5%、1%水平下显著；( )内为参数估计的t统计值。

从东道国的金融发展水平门槛模型看（见表6—18），当该国的金融发展水平低于0.254，东道国国家风险值对中国的对外直接系数为2.872，1%水平下显著；当金融发展水平介于（0.254，

0.590]之间时，系数变为4.113，1%水平下显著；当金融发展水平介于（0.590，1.113]之间时，系数变为3.052，1%水平下显著；当金融发展水平高于0.793时，系数变为5.102，1%水平下显著。总体上，从国家风险值对中国对外直接投资的系数来看，随着金融发展水平的不断提高，国家风险对中国对外直接投资的阻碍作用不断加强，虽然，其间有一段系数从4.113下降到3.052，可能的解释是由于2008年的金融危机，造成经济危机，使得国家风险的阻碍作用降低，但金融发展的总体促进在不断上升。

从东道国人力资本门槛模型看（见表6—18），当人力资本水平低于0.334，东道国国家风险值对中国的对外直接系数为4.755，1%水平下显著；当人力资本水平介于（0.334，0.757]之间时，系数变为3.236，1%水平下显著；当人力资本水平介于（0.757，0.769]之间时，系数变为5.860，1%水平下显著；当人力资本水平高于0.769时，系数变为2.053，5%水平下显著。总体上，从国家风险值对中国对外直接投资的系数来看，随着人力资本的不断上升，国家风险对中国对外直接投资阻碍作用不断下降，虽然，其间有一段系数从3.236上升到5.860，但总体下降趋势没有变化，可能的解释是随着东道国人力资本的不断积累和提升，促进了东道国技术创新与产业升级，增强了东道国的产业竞争力，对中国的对外直接投资产生了挤出效应，从而导致一国的国家风险对中国的对外直接投资的阻碍作用不断降低。从控制变量来看，模型控制变量的系数和显著性均与上文模型的估计保持一致，从而说明面板门槛模型估计的稳健性。

第四节 本章小结

本章利用104个国家2003年至2015年的数据采用普通最小二乘法（OLS），固定效应模型（FEM），随机效应模型（REM），考虑异方差和截面相关的可行广义最小二乘法（FGLS），考虑异方差、截面相关和序列相关的可行广义最小二乘法（FGLS）模型，实证了东道国政治、经济、社会、对华、整体国家风险对中国对外直接投资的影响。研究表明：政治、经济、社会、对华、整体国家风险对中国的对外直接投资存在着阻碍作用。国家风险对中国对外直接投资的影响存在基于城镇水平、金融发展水平、人力资本水平的门槛效应。

从东道国城镇化门槛模型看，东道国国家的风险值对中国对外直接投资是一个基于城镇化水平的非线性关系，随着城镇化水平的提高，国家风险将会阻碍中国的对外直接投资。从东道国金融发展水平门槛模型看，随着金融发展水平的不断提高，国家风险对中国对外直接投资的阻碍作用不断加强，虽然，期间有一段系数从4.113下降到3.052，可能的解释是由于2008年的金融危机，造成经济危机，使得国家风险阻碍作用降低，但金融发展的总体阻碍作用在不断上升。从东道国人力资本门槛模型看，随着人力资本的不断上升，国家风险对中国对外直接投资阻碍作用不断下降，虽然，其间有一段系数从3.236上升到5.860，但总体下降趋势没有变化，可能的解释是随着东道国人力资本的不断积累和提升，促进了东道国技术创新与产业升级，增强了东道国的产业竞争力，对中国的对外直接投资产生了挤出效应，从而导致一国的国家风险对中国的对外直接投资的影响作用不断降低。

第七章

中国对外直接投资国家风险的应对

近年来,随着"一带一路"建设不断推进,改革开放水平持续提高,中国对外直接投资规模不断扩大。2015年,中国首次从直接投资净输入国转变为直接投资净输出国,但也出现了一些对外直接投资失败案例。究其原因,在于中国对外直接投资没有能够有效识别和管理包括政治、经济、社会、对华在内的各种风险,以及对外投资企业自身原因造成的相关风险。为了进一步推动"一带一路"建设和中国经济的发展,中国需要总结成功经验和失败教训,把握全球直接投资发展趋势和风险,从国家和企业两个层面对对外直接投资风险进行有效治理,为对外直接投资提供有力支持和保障。

第一节 国家层面

做好风险预警,准确识别风险,有效应对投资风险,是中国企业提高对外直接投资成功率的重要前提。为保障中国企业对外直接投资的安全,帮助中国企业有条不紊地"走出去",政府可通过建立健全OFDI保护体系、加强双边互动、加快OFDI国际化人才培养和规范中国企业OFDI经营行为的多管齐下,为中国企业的OFDI保驾护航。

一　建立健全中国对外直接投资保护体系

政治、经济、社会等三个层面的国家风险具有外部性的特点，加之中国对外投资企业缺乏有效的外部风险控制手段，需要政府进一步建立健全对外直接投资的保护体系，为企业"走出去"保驾护航。首先，加强国家政府机构之间的官方交流，尤其是政府各部门、驻外使馆和机构与东道国的相互合作。通过正式的国家高层的会晤加强经济对外交流与合作，为中国对外直接投资奠定政治基础。其次，建立国家层面的对外直接投资风险预警机制，定期发布风险测度报告并及时更新与国家风险相关的信息，指导企业增强风险防范能力，从而使企业调整风险应对计划并制定相应的措施。在导致风险的不确定性中，信息扮演着关键性角色，对外投资过程中的不确定性包括两个层面，即来自东道国环境的外部不确定性和来自企业内部经营管理的不确定性，导致投资企业在相关领域的信息不足。当前，全球经济增长处于低迷期，民族分裂、恐怖袭击、地区动荡等国际问题时有发生，英国"脱欧"、特朗普政府退出TPP等新的政治局势提升了对外直接投资风险，标志着经济全球化面临被逆转的风险，这些都要求我们提高风险预判与应变能力。最后，加快对外直接投资立法，从国家法律层面推进制度设计。同时，通过建立和完善对外直接投资保险制度，提供多种形式的保险机构，对中国企业对外直接投资项目进行风险分担。虽然国家发改委和商务部等部门在2017年底联合制定《民营企业境外投资经营行为规范》，但这仅仅是政策方面的指导，缺乏实质性的政府监管条款，长期制度仍未建立，对民营企业的对外直接投资行为约束有限。

中国企业"走出去"不单纯是市场行为，尤其是国有企业在"走出去"过程中肩负重要使命和经济目标，需要国家权力的大力支持和保护。政府还可以通过驻外使馆全面收集当地的市场信息，定期发布东道国政治稳定、民族矛盾、宗教冲突、恐怖袭击等方面的信息，对东道国市场信息进行收集和处理，并进行专业的风险测度，定期为中国企业提供决策参考。

二 加强双边互动与人文交流

中国与多个国家在政治、经贸、人文交流等领域建立了深度合作与政治互动，为中国企业"走出去"营造了良好的周边环境。但是在全球经济复苏动力不足、贸易摩擦不断增多的情况下，要以"一带一路"建设为契机，以南亚、东南亚、中欧、东欧为重点，加强产能与金融合作，加强与东道国在经济、进出口贸易、关税等方面的协调、沟通和交流，推动对外投资关系朝着平等互利的方向发展。此外，在加强官方交流的同时，应加强外交与民间文化、非政府组织等方面的非正式沟通与交流，推动双边和多边友好合作关系不断向新的阶段发展。一方面，借助"一带一路"倡议，强化政府、公益、教育、文化、经贸等部门之间的往来，在沿线国家开展投资推介会、经贸文化论坛，健全相关领域的对话与合作渠道，不断加强双边人文交流。另一方面，充分调动地方政府和社会公众的积极性，挖掘中医药、武术、民俗节庆等民间文化资源，通过展演、参加体育赛事与节庆活动等方式走出去，深化文化交流。此外，借助孔子学院和汉语教学机会，加大社会组织、双边青年人的交流，通过"讲好中国故事""做世界和平的建设者"深化中外全方位的合作，使人文交流与政治互信、经济合作一起成为双边对外直接投资的重要支持。

三 积极推进与欧美 BIT 谈判

双边投资协定是保护企业海外投资安全的非常重要的制度性框架。目前，中国已经与 130 多个国家和地区签订投资协定，但中美、中欧之间的投资协定还在谈判之中。一方面，可继续加强与美国、欧盟等谈判，尽快与主要的发达国家达成双边投资协定，积极地利用双边或多边协议从市场准入、海关互助合作、投资审查、争议解决等多方面来保护中国企业海外投资的利益，增强对发达国家的投资。另一方面，中国对外投资规模不断扩大，逐渐成为全球重要的资本输出国，为减少东道国过多的政治干预和不合理的非商业性障碍，中国政府应该加强与相关国家的合作，对过时的双边或多边投资协定进行修改，从而完善中国企业 OFDI 的环境。同时，积极开展包括首脑外交在内的多种外交渠道，广泛利用包括 G20、APEC 在内各种国际平台，推动双边和多边贸易谈判，抵制各种形式的贸易保护主义。

四 加快对外直接投资相关国际化人才培养

中国企业对外直接投资的瓶颈是人才问题，与当今时代人才是第一资源的主题十分吻合。中国企业"走出去"过程中的国际化战略不清晰、市场预测不到位、风险防范意识不强、文化整合能力弱等问题都是由于人才缺乏造成的。弥补国际化人才不足的方式有两种：一是充分开发和利用好已有的国际化人才，解决短期内中国企业对外投资人才缺乏的问题；二是整合企业、高校、政府和社会资源，创新人才培养机制与模式，满足长期内中国企业对外投资对人才的需求。

在已有人才利用与开发方面，可通过侨办、华人华侨社团等方式利用东道国华人的关系，联系东道国人才资源；同时，建立与华人华侨、外海人才的长期联系机制，形成人才数据库，为中国企业对外直接投资提供人才支持，还可在中国企业与当地人才之间搭建交流平台，为企业招聘华人或中国留学生进入企业工作提供便利；此外，政府应支持大力发展中介机构，积极培养具有国际视野的专门人才，在信息、会计、法律、咨询等领域提供专业服务，构建政府和民间相结合、专业机构与综合机构相结合的人才中介服务体系。在国际化人才培养方面，探索建立多主体协同的国际化人才培养新机制。一方面要坚持以我为主、为我所用和从理念、知识、技能等多方面系统构建差异化胜任力的原则，系统研究对外直接投资不同领域、不同行业所需的国际化高层次人才胜任力标准；摸清存量，预测增量，分类和分层统计分析各类人才需求的数量和质量要求，发布行业国际化高层次人才需求报告，为人才培养提供指引。另一方面要积极推进"小语种+"人才培养举措，加强对国别和区域研究，培养对外直接投资所需的国际化高层次人才，尤其是要培养国际工商管理人才、涉外法律人才、小语种新闻人才、经济创新人才等多种人才，架构起立体多元的人才培养通道。例如，可开展"小语种＋投资贸易""小语种＋经营管理""小语种＋项目管理""小语种＋高铁"等专项人才培养。

五 规范中国企业对外直接投资经营行为

近年来，中国对外直接投资主体不断多元化，不规范经营行为屡有发生。尤其是个别中小民营企业存在经营行为不规范、不了解东道国文化、法律、风俗习惯的现象，这不仅影响了中国的对外形象，还加剧了当地民众的不满情绪，双边友好关系遭到破坏。此外，一些企业对东道国的市场认识不到位、国际化战略不清晰，造成盲目跟风投资，搞恶性竞争并相互拆台，造成不必要的内耗。目前，规范企业境外投资经营行为已经得到了国家相关部门的重视，已陆续出台《企业境外投资管理办法》（征求意见稿）和《民营企业境外投资经营行为规范》，但还缺乏《国有企业境外投资经营行为规范》。面对中国企业对外直接投资存在的种种问题，进一步加强中国企业对外直接投资与经营行为的规范，引导对外投资企业尊重东道国文化习俗和法律法规，促进国内企业"走出去"并在国际舞台上增强竞争力。

因此，中国政府应当承担起对海外投资企业的母国监管责任，应制定更加完善的海外投资企业的监管制度和体系，定期不定期地对跨国企业的经营活动进行监管和服务。

第二节 企业层面

投资区域与投资方式是中国企业"走出去"过程中需要考虑的重要问题。不同国家的政治、经济、文化和对华风险存在较大差异,企业需要采取不同的投资策略和方式。此外,考虑东道国同母国的文化、制度等差异,为实现利润最大化,中国企业OFDI应实施当地化经营,遵守东道国的法律制度和社会规范,更好地融入东道国的政治经济环境。

一 科学合理地制定企业投资决策

中国企业在做出投资决策前,应严格按照科学合理的程序对投资风险进行测度与预测,提高投资风险应对能力。相对于经营风险防范更为重要的是投资风险的预测,并提前采取风险防范措施。目前,大部分中国企业都没有提前对投资风险进行测度,而是在出现经营风险后才去寻找解决办法。因此,中国企业实施海外投资,应构建投资风险测度体系,做到防患于未然。可借鉴发达国家经验,通过组织相关职能部门和专家学者,对东道国科研成果、资料和统计数据的分析,以及开展实地考察与测度,深入研究东道国的政治、经济、社会、文化、法律法规等营商环境,以及国内的对外直接投资政策,把握对外直接投资的风险程度与项目可行性。

企业境外投资方式有独资、合资和技术入股的方式,在政治风险和社会风险较高的国家,可采取合资或入股的方式,以获取东道国的信任。而在跨国公司包容度较高的国家,可采取兼并收购的方式以获得企业的所有权和控制权。中国民营企业可采取合资进入与战略联盟的方式投资发达国家,以弥补资本规模和实力的不足。国有企业由于资本实力雄厚、规模庞大,往往受到东道国的重点关注，如果在"走出去"的过程中联合民营企业与东道国企业成立合资公司，将有效地避开东道国针对国有企业投资的监管壁垒。

二 实施企业投资经营当地化策略

中国企业在"走出去"过程中国际化经验不足，缺乏本地化经营的经验和能力。部分中国跨国经营企业社会责任意识淡薄，经营管理行为不规范，不能满足东道国法律法规和监管要求。当东道国制度环境与母国类似时，中国企业在母国积累的经验和知识就可适用于当地市场，获得一些制度优势，但原料、技术和劳动力应通过当地化来降低市场进入门槛和社会风险。文化和制度的差异需要中国企业做到入乡随俗，遵从当地的文化、管理制度，提高环境适应能力，实现境外投资的目标和战略。中国企业在海外投资经营，既要做到产品生产和营销的当地化，又要做到员工雇佣和管理的当地化，保护当地员工的合法权益并实现当地员工、社区、东道国政府和企业的多赢，才能获得对外投资的成功。

构建互利共赢的投资理念，积极融入当地社会和当地化经营，可以有效消除东道国利益相关者障碍。当地化的本质是实现利益共享、风险共担。一味地从东道国获取利益和资源，必然会引起当地利益相关者的抵制和敌视。只有进行利益分享，承担企业社会责任，对当地的经济、社会、环境、社区做出相应的贡献，才能获得东道国利益相关者的支持，才能最大限度规避经营投资风险。中国企业对外投资的当地化经营方式可以包括各种形式，例如生产当地化、供应当地化、研发当地化、销售当地化、人员当地化等，其核心是利益当地化。要做到这一点，中国企业必须了解并尊重东道国当地的价值取向、风土人情、宗教信仰、社会文化、法律法规等因素，并且真正融入进去，与之结成紧密的利益共同体。

第三节　本章小结

本章在前文对中国对外直接投资国家风险的理论和实证分析的基础上,从国家和企业两个层面针对中国对外直接投资国家风险提出应对策略。

国家层面。首先,从国家层面提出建立健全中国对外直接投资保护体系。加强国家政府机构之间的官方交流,建立对外直接投资风险预警机制,定期发布风险测度报告,完善对外直接投资保险制度,提供多种形式的保险机构。其次,积极推进与欧美 BIT 谈判,尽快与主要的发达国家达成双边投资协定,并修改过时的双边或多边投资协定,以完善中国企业 OFDI 的环境。最后,加强双边互动与人文交流,强化政府往来,充分挖掘民间文化资源,深化文化交流。加快 OFDI 相关国际化人才培养,充分开发和利用好已有的国际化人才,整合企业、高校、政府和社会资源,满足中国企业对外投资人才需求。

企业层面。一方面,针对不同国家的政治、经济、文化和对华风险的差异,在构建投资风险测度体系的基础上,科学合理地制定企业投资决策,因地制宜,选择不同的投资策略和方式。另一方面,考虑东道国同母国的文化、制度等差异,鼓励企业树立互利共赢的投资理念,倡导投资经营当地化,规范中国企业对外直接投资经营行为,以更好地符合东道国法律法规和监管要求。

第八章

总结与展望

第一节 总结

本书研究的主要内容：一是在理论基础与文献回顾基础上，对中国企业 OFDI 的东道国国家风险因素进行了识别。把东道国国家层面可能给中国投资企业带来不确定性影响的因素，包括政治、经济、社会以及东道国对华关系因素，都纳入中国 OFDI 国家风险测度模型。从母国、东道国和跨国企业三个层面分析了中国 OFDI 东道国国家风险成因及其形成机理。二是构建了一个包含 4 个一级指标和 40 个二级指标在内的中国 OFDI 国家风险测度模型，并以全球 104 个国家 2003 年至 2015 年的动态面板数据为样本对中国 OFDI 的国家风险进行了测度和分析，对样本国家的国家风险等级进行了评级。利用 BP 神经网络构建中国 OFDI 国家风险预警模型并对代表性样本国家的国家风险进行了预测。三是根据本书测算的国家风险及其 4 个子风险面板数据和 2003—2015 年中国对 104 个国家的直接投资数据，实证检验了国家风险对中国 OFDI 的影响，并采用面板门槛模型进行了进一步的讨论。最后，从中国国家层面和企业层面提出了中国 OFDI 东道国国家风险的应对策略。

研究的主要发现有以下几个方面。

第一，根据风险识别和理论分析，最终构建了一个由 1 个目标层、4 个子目标（一级指标）、40 个具体指标（二级指标）构成的中国OFDI国家风险测度指标体系。构成国家风险的4个一级指标分别为政治风险（PR）、经济风险（ER）、社会风险（SR）和对华风险（RR）。采用因子分析与动态熵值法相结合的二阶段动态赋值方法来计算测度指标的熵值。从指标权重的赋值结果可以看出，对华风险和政治风险对国家风险总体评价指标的贡献相对较大，是构成中国OFDI国家风险的重要因素。四个子风险对国家风险的贡献从大到小依次是对华风险、政治风险、社会风险和经济风险。

第二，国家风险的区域分布不均衡。通过对政治风险、经济风险、社会风险、对华风险的测度发现，中国对外直接投资政治风险、经济风险、社会风险、对华风险最高的国家主要集中在中东、非洲、南亚等地区，而风险最低的国家则集中在欧洲、大洋洲、北美等地区。国家风险从大到小依次是非洲、亚洲、南美洲、北美洲、欧洲、大洋洲，中国对非洲、亚洲直接投资的国家风险相对突出。

第三，从收入角度来看，104个样本国家中，高收入国家的风险数值高，风险较低，低收入国家的风险数值低，风险较高。这也符合正常的规律，收入一定程度上代表一个国家的发达程度，国家越发达，政治、经济、社会风险就相应越低，国家的整体风险也就越低。这反映出，国家风险水平与国家发展水平呈负相关的关系。从风险等级角度来看，发达、高收入国家的风险相对较低，主要集中在欧洲和大洋洲地区，贫困、低收入国家的风险相对较高，主要集中在非洲、南亚和中北美地区。

第四，实证结果表明，政治、经济、社会、对华、整体国家风险对中国的对外直接投资有阻碍作用，风险越大，中国对该国的OFDI就越低。政治风险对中国OFDI的影响效果最为显著，社会风险的影响并不显著。

第五，国家风险对中国对外直接投资的影响存在基于城镇水平、金融发展水平、人力资本水平的门槛效应。从东道国城镇化门槛模型看，东道国国家的风险对中国对外直接投资是一个基于城镇化水平的非线性关系，随着城镇化水平的提高，国家风险将会阻碍中国的对外直接投资。从东道国金融发展水平门槛模型看，随着金融发展水平的不断提高，国家风险对中国对外直接投资的阻碍作用不断加强，虽然，其间有一段系数从4.113下降到3.052，可能的解释是由于2008年的金融危机，造成经济危机，使得国家风险的阻碍作用降低，但金融发展的总体阻碍作用在不断上升。从东道国人力资本门槛模型看，随着人力资本的不断上升，国家风险对中国对外直接投资阻碍作用不断下降，虽然，其间有一段系数从3.236上升到5.860，但总体下降趋势没有变化，可能的解释是随着东道国人力资本的不断积累和提升，促进了东道国技术创新与产业升级，增强了东道国的产业竞争力，对中国的对外直接投资产生了挤出效应，从而导致一国的国家风险对中国的对外直接投资的影响作用不断降低。

第二节 展望

对外直接投资风险管理是一个理论上和实践上都非常重要的问题。本书从东道国国家层面对中国OFDI风险识别、测度及影响机制等关键问题进行了较为深入的分析。但是书中还有一些缺陷及进一步深入研究之处。

首先，从宏观层面研究中国OFDI，使用的被解释变量是中国对东道国直接投资的存量数据。未来还可以以微观层面的企业数据进行更为具体的研究。比如，企业所有权、企业规模、产业分布、母子公司关系等异质性特征与OFDI国家风险的关系都需要进一步深入研究。

其次，以104个国家的数据检验了国家风险对中国OFDI的影响。需要指出，本书只分析了国家风险对中国OFDI数量方面的影响，没有分析其对中国OFDI质量的影响。

再次，虽然本书将东道国对华关系纳入中国OFDI国家风险的分析框架，也选取了6个二级指标对双边关系进行刻画。但是，本书对华风险的解释仍然不够有力，需要进一步增强东道国对华风险的解释力，进行更加科学、全面的刻画。

最后，本书对中国OFDI国家风险概念的界定仅限于东道国国家自身的风险、东道国对华风险，有必要进一步将母国国家因素纳入中国OFDI国家风险测度模型的研究中来。

附 录

国家风险及其子风险测度结果

附表 1

国家风险测度结果

国家	2003	2004	2005	2006	2007	2008	2009	2010	2011	2012	2013	2014	2015
阿尔巴尼亚	54	55	60	32	59	62	58	56	51	56	55	59	63
阿尔及利亚	30	33	40	43	38	39	39	41	34	36	33	39	39
阿根廷	40	48	52	40	50	51	42	43	41	40	35	37	42
阿塞拜疆	37	36	41	21	42	40	40	43	34	37	39	38	38
埃及	46	46	50	50	50	52	50	49	40	44	36	44	48
埃塞俄比亚	24	29	29	30	30	30	27	27	27	29	26	31	33
爱尔兰	64	63	66	61	62	61	63	62	59	62	61	69	67

续表

国家	2003	2004	2005	2006	2007	2008	2009	2010	2011	2012	2013	2014	2015
爱沙尼亚	54	56	55	50	56	55	56	54	56	60	60	59	58
奥地利	79	76	77	82	81	83	84	87	78	81	79	78	78
澳大利亚	81	77	80	88	84	86	91	92	79	84	83	81	82
巴基斯坦	49	46	48	46	51	53	46	45	41	46	45	49	53
巴林	48	48	46	40	42	41	44	50	41	44	44	47	44
巴西	44	45	49	44	47	49	49	51	50	53	48	47	47
白俄罗斯	47	46	48	37	47	49	47	51	40	42	41	46	49
保加利亚	59	58	63	69	65	67	61	62	57	64	60	65	68
比利时	79	76	77	84	82	83	82	84	76	81	80	79	80
波兰	70	70	74	70	78	81	78	79	75	79	74	79	83
玻利维亚	38	45	44	29	43	45	41	42	40	43	40	43	44
博茨瓦纳	45	43	46	41	40	39	43	42	41	42	45	42	39
丹麦	89	85	87	96	91	93	92	93	86	91	88	90	92
德国	79	76	81	89	87	88	90	87	81	90	89	87	89
俄罗斯	51	48	47	50	55	58	54	54	54	57	53	57	58
厄瓜多尔	31	35	39	23	38	40	35	35	34	39	40	41	42
法国	78	72	76	87	82	84	84	83	76	82	76	80	82

附录　国家风险及其子风险测度结果 / 183

续表

国家	2003	2004	2005	2006	2007	2008	2009	2010	2011	2012	2013	2014	2015
菲律宾	45	44	37	31	49	49	42	45	47	49	47	50	52
芬兰	88	85	89	96	91	93	94	93	89	94	89	89	90
佛得角	36	35	36	31	36	34	38	38	38	40	40	36	39
刚果	27	27	31	31	26	28	30	30	31	32	31	33	31
刚果（金）	14	13	15	19	16	18	14	15	14	17	14	19	20
格鲁吉亚	36	38	41	25	43	43	42	45	46	50	50	51	50
圭亚那	38	38	45	24	35	33	29	29	29	32	29	33	33
哈萨克斯坦	47	45	48	40	52	54	54	58	56	55	52	55	54
韩国	53	55	54	59	63	64	64	62	60	64	62	65	68
荷兰	80	80	77	83	84	85	87	90	85	88	87	87	88
吉尔吉斯斯坦	35	38	36	33	42	44	39	40	40	43	42	43	45
加拿大	71	68	72	79	73	75	78	81	80	84	80	77	76
加纳	42	41	37	46	45	46	46	46	47	51	47	45	48
加蓬	38	36	45	40	38	38	36	36	35	39	37	39	39
捷克	67	67	72	82	75	77	73	76	72	76	75	78	80
津巴布韦	14	17	23	24	18	18	10	16	22	21	18	22	26
科威特	63	64	60	62	63	63	60	65	52	58	58	60	59

续表

国家	2003	2004	2005	2006	2007	2008	2009	2010	2011	2012	2013	2014	2015
克罗地亚	54	54	53	44	58	59	55	57	54	56	52	56	58
肯尼亚	26	26	30	28	27	25	22	24	23	26	26	30	30
拉脱维亚	46	43	49	43	45	43	42	42	43	46	48	47	47
老挝	35	35	41	31	43	45	41	45	44	46	43	48	49
黎巴嫩	30	34	35	31	32	30	29	32	23	28	27	29	32
立陶宛	59	59	63	45	61	60	59	56	55	61	64	63	63
卢森堡	77	79	75	74	77	77	81	82	78	81	81	80	80
马达加斯加	27	29	27	25	26	24	21	21	23	24	21	25	25
马耳他	61	66	65	59	64	65	65	70	65	65	64	64	64
马来西亚	65	65	56	58	70	70	66	72	67	70	70	73	74
马里	29	32	35	31	29	28	31	34	32	26	24	27	28
马其顿	36	39	40	24	42	42	40	39	37	43	41	43	44
毛里求斯	51	49	50	49	53	55	55	58	56	60	59	57	57
美国	69	65	62	69	69	71	75	75	71	77	73	71	72
蒙古国	65	63	64	57	66	67	61	63	66	62	59	64	67
孟加拉国	29	24	30	16	27	29	30	30	26	29	25	31	33
秘鲁	35	40	46	36	43	42	37	41	41	45	44	43	45

续表

国家	2003	2004	2005	2006	2007	2008	2009	2010	2011	2012	2013	2014	2015
缅甸	28	29	35	31	35	36	31	33	34	40	37	40	43
摩尔多瓦	42	42	43	26	42	43	37	35	38	42	40	42	42
摩洛哥	46	44	43	48	46	48	46	47	44	49	44	50	53
墨西哥	40	43	44	38	45	44	43	44	47	48	47	47	48
南非	45	44	45	40	50	51	49	46	49	50	47	50	51
尼泊尔	30	28	23	17	32	33	31	35	34	36	33	37	34
尼日利亚	25	35	29	31	34	34	31	31	32	33	29	33	34
挪威	80	78	79	87	84	86	86	88	85	89	87	84	85
葡萄牙	63	61	63	61	64	65	65	62	56	61	58	64	67
日本	77	72	74	86	81	83	79	84	78	83	84	82	84
瑞典	88	87	83	92	92	95	93	93	88	94	91	91	93
瑞士	85	83	85	94	88	90	92	95	92	97	97	92	93
塞浦路斯	68	64	66	54	67	69	71	74	65	68	61	62	68
沙特阿拉伯	41	43	41	37	41	42	45	48	42	49	47	46	44
斯里兰卡	45	42	40	47	45	46	44	50	50	50	46	46	48
斯洛伐克	78	76	80	55	82	85	79	79	75	81	77	78	80
斯洛文尼亚	64	60	65	51	64	65	65	65	60	64	60	64	66

续表

国家	2003	2004	2005	2006	2007	2008	2009	2010	2011	2012	2013	2014	2015
苏丹	31	27	29	24	33	35	30	26	26	23	21	24	29
塔吉克斯坦	28	29	32	18	34	36	32	33	32	35	31	36	35
泰国	62	60	55	54	61	63	59	61	59	63	58	61	63
坦桑尼亚	29	28	32	23	29	29	34	35	35	35	34	33	34
特立尼达和多巴哥	45	47	50	40	46	44	46	49	52	50	45	47	46
突尼斯	47	45	51	46	45	46	50	50	43	44	39	45	46
土耳其	54	55	51	40	59	60	56	55	56	59	56	57	60
委内瑞拉	16	27	23	26	26	25	21	18	24	21	15	17	19
文莱	49	48	49	36	43	42	54	59	56	57	57	50	47
乌干达	25	27	30	33	24	22	26	28	24	27	25	26	27
乌克兰	42	47	46	42	53	54	43	47	47	50	46	45	48
乌拉圭	49	54	64	41	51	52	55	58	57	56	52	52	53
西班牙	69	64	68	73	70	71	69	65	59	67	63	67	71
希腊	58	55	51	62	59	61	56	57	50	52	47	55	59
新西兰	82	79	80	88	83	84	87	89	86	91	89	85	85
匈牙利	79	74	80	74	80	82	71	76	75	76	74	78	79
叙利亚	34	31	30	35	37	39	39	38	29	23	19	30	29

续表

国家	2003	2004	2005	2006	2007	2008	2009	2010	2011	2012	2013	2014	2015
牙买加	51	51	54	43	53	54	48	47	52	54	48	52	53
亚美尼亚	43	49	46	32	46	45	44	41	42	46	45	45	45
也门	32	27	36	39	32	32	29	26	18	24	23	24	20
伊朗	37	37	42	32	43	44	37	33	31	34	32	36	39
以色列	56	52	55	56	57	57	55	58	53	62	61	58	61
意大利	71	68	67	80	75	78	74	74	66	73	67	72	76
印度	42	38	45	55	48	50	48	49	44	47	44	48	50
印度尼西亚	40	36	44	46	48	51	50	51	50	51	46	52	53
英国	83	79	76	84	87	88	83	85	80	86	84	85	88
越南	52	49	49	42	56	59	58	60	58	60	54	61	63
赞比亚	25	28	33	32	30	30	30	31	32	35	32	34	34
智利	63	66	71	51	68	69	70	71	64	69	69	69	70

数据来源：笔者综合因子分析法和熵值法计算得到。

附表 2　政治风险测度结果

国家	2003	2004	2005	2006	2007	2008	2009	2010	2011	2012	2013	2014	2015
阿尔巴尼亚	33	41	41	42	45	48	41	43	35	39	44	51	52
阿尔及利亚	19	21	31	27	27	28	29	35	19	21	20	30	33
阿根廷	33	45	49	48	48	49	29	35	44	43	32	53	56
阿塞拜疆	23	29	30	30	31	33	33	37	39	35	37	36	38
埃及	34	36	36	33	33	35	33	35	18	21	12	26	28
埃塞俄比亚	14	21	20	22	21	23	15	20	24	23	20	22	22
爱尔兰	85	81	84	84	85	87	80	76	80	83	73	87	86
爱沙尼亚	64	65	65	68	70	72	68	70	71	75	69	71	72
奥地利	88	87	86	89	92	91	88	89	78	85	83	84	84
澳大利亚	87	85	85	85	87	89	94	89	75	82	87	86	86
巴基斯坦	19	16	11	11	12	11	4	7	1	7	15	10	11
巴林	59	57	54	50	49	49	47	51	40	40	40	44	44
巴西	46	47	47	47	50	51	48	51	46	54	48	51	51
白俄罗斯	39	41	39	35	31	35	33	37	19	23	22	41	43
保加利亚	49	53	57	58	57	59	47	51	43	51	46	55	56
比利时	82	79	80	81	83	82	78	78	72	83	85	79	80

续表

国家	2003	2004	2005	2006	2007	2008	2009	2010	2011	2012	2013	2014	2015
波兰	59	64	67	66	68	71	65	69	66	70	64	75	76
玻利维亚	23	33	33	35	36	38	29	36	29	34	36	40	41
博茨瓦纳	72	70	71	68	68	69	70	72	63	66	71	67	69
丹麦	99	95	95	98	100	99	93	95	89	96	91	94	95
德国	80	81	85	88	88	87	87	79	72	90	91	85	85
俄罗斯	38	36	37	35	34	36	35	36	33	33	32	39	39
厄瓜多尔	16	25	27	26	28	29	20	22	18	27	36	38	38
法国	81	73	77	78	80	80	77	76	63	77	69	74	74
菲律宾	32	32	35	32	35	35	19	26	35	36	40	37	38
芬兰	100	100	100	100	99	100	100	100	92	100	95	100	100
佛得角	48	45	46	49	53	55	52	58	58	61	60	53	56
刚果	18	18	18	16	15	17	25	31	30	28	32	23	25
刚果（金）	2	1	3	4	6	8	1	4	3	6	3	8	8
格鲁吉亚	24	29	31	33	37	41	38	47	49	53	54	52	52
圭亚那	49	45	41	41	45	47	31	34	32	38	35	41	42
哈萨克斯坦	37	39	40	38	39	41	44	47	46	41	40	44	45
韩国	50	58	60	58	61	61	58	62	65	61	61	64	64

续表

国家	2003	2004	2005	2006	2007	2008	2009	2010	2011	2012	2013	2014	2015
荷兰	87	88	85	86	87	87	86	87	83	89	88	87	87
吉尔吉斯斯坦	20	23	22	23	26	29	21	28	29	31	31	32	33
加拿大	87	84	85	86	88	89	86	91	92	99	93	87	87
加纳	39	42	43	47	49	49	45	45	46	51	48	48	51
加蓬	34	32	37	33	32	33	30	36	36	40	40	38	39
捷克	60	62	71	73	71	75	61	64	62	67	66	71	73
津巴布韦	15	18	19	20	23	24	2	5	1	13	14	25	26
科威特	60	59	55	54	54	54	47	50	37	39	40	51	51
克罗地亚	56	63	62	63	64	64	51	60	56	60	54	64	65
肯尼亚	28	29	28	31	32	31	18	26	24	27	30	32	33
拉脱维亚	61	56	61	62	61	62	55	56	57	60	58	62	63
老挝	10	17	18	19	23	24	17	26	28	28	29	31	32
黎巴嫩	28	31	36	30	30	31	25	33	21	24	20	29	31
立陶宛	61	61	64	64	65	66	63	62	56	64	70	68	71
卢森堡	94	92	90	91	91	93	95	99	100	98	95	92	93
马达加斯加	35	31	33	34	35	32	23	20	27	28	20	26	27
马耳他	75	79	77	80	82	83	76	80	75	70	72	76	77

附录　国家风险及其子风险测度结果　/　191

续表

国家	2003	2004	2005	2006	2007	2008	2009	2010	2011	2012	2013	2014	2015
马来西亚	58	56	58	55	54	54	45	53	47	47	54	57	57
马里	30	36	39	39	39	39	41	46	42	27	26	30	31
马其顿	29	36	35	38	41	44	39	45	44	48	47	47	46
毛里求斯	51	50	53	52	54	58	56	63	64	66	65	58	58
美国	81	76	75	76	78	79	80	78	76	85	78	77	78
蒙古国	55	54	53	51	51	49	41	49	46	41	42	55	57
孟加拉国	19	15	15	17	18	20	23	28	19	21	18	25	25
秘鲁	27	38	41	44	45	46	30	35	41	45	45	44	46
缅甸	1	6	9	8	8	9	5	11	18	23	25	19	22
摩尔多瓦	38	37	35	37	40	42	29	26	32	39	37	44	43
摩洛哥	44	46	41	41	40	42	38	44	41	44	39	47	49
墨西哥	36	41	44	45	46	46	41	38	46	48	48	42	43
南非	52	57	57	57	56	58	50	52	50	52	51	54	55
尼泊尔	19	17	19	23	24	26	20	28	29	27	28	30	31
尼日利亚	9	11	17	16	17	19	12	15	18	17	14	14	17
挪威	84	87	90	90	92	91	84	88	86	94	94	89	90
葡萄牙	75	80	83	81	80	83	74	68	61	70	65	79	82

续表

国家	2003	2004	2005	2006	2007	2008	2009	2010	2011	2012	2013	2014	2015
日本	78	78	78	79	79	81	67	74	71	76	87	83	83
瑞典	94	96	95	96	99	99	91	91	86	96	93	94	94
瑞士	90	86	85	87	88	89	90	92	92	98	100	87	87
塞浦路斯	72	65	65	67	70	73	71	77	68	72	65	68	68
沙特阿拉伯	43	43	44	39	40	42	44	52	46	51	51	48	49
斯里兰卡	33	25	24	25	26	26	26	35	40	37	33	30	33
斯洛伐克	64	61	65	65	65	68	62	68	61	70	65	64	64
斯洛文尼亚	74	71	72	73	75	78	73	72	61	71	64	74	76
苏丹	6	5	1	1	1	1	1	1	2	1	1	1	1
塔吉克斯坦	12	16	19	19	22	23	15	23	24	23	22	26	26
泰国	45	45	41	31	33	34	29	29	35	37	29	34	34
坦桑尼亚	30	31	33	35	36	37	44	47	48	44	46	38	39
特立尼达和多巴哥	49	47	52	51	52	52	53	59	65	59	46	54	54
突尼斯	54	52	50	49	46	47	53	57	42	41	36	48	48
土耳其	43	41	46	42	42	42	38	43	45	46	43	40	39
委内瑞拉	13	23	24	21	19	21	15	17	15	13	6	24	25
文莱	64	63	62	61	61	63	77	82	83	79	82	69	70

续表

国家	2003	2004	2005	2006	2007	2008	2009	2010	2011	2012	2013	2014	2015
乌干达	24	23	23	24	26	27	32	35	33	31	25	26	27
乌克兰	27	35	39	41	46	47	25	35	31	38	30	39	41
乌拉圭	54	63	69	69	65	68	67	75	75	67	61	71	73
西班牙	76	72	72	69	70	70	65	65	54	70	65	68	68
希腊	62	64	65	65	65	64	50	54	44	51	44	61	64
新西兰	90	90	88	90	92	92	92	95	94	100	100	93	92
匈牙利	76	72	73	74	75	75	49	63	65	65	64	68	69
叙利亚	26	27	28	26	26	28	26	30	18	3	1	11	9
牙买加	47	55	55	57	58	59	45	47	47	57	52	58	60
亚美尼亚	35	42	42	41	41	43	43	42	41	43	45	46	48
也门	26	24	28	29	29	29	22	24	8	17	15	21	21
伊朗	19	26	27	24	24	25	12	12	8	13	14	25	26
以色列	66	53	54	55	58	57	48	54	52	64	61	52	52
意大利	69	67	70	70	70	71	64	60	46	64	54	67	68
印度	32	30	34	35	37	38	34	39	27	29	30	34	36
印度尼西亚	18	14	18	21	24	26	29	30	31	27	22	28	28
英国	84	83	84	87	88	88	74	80	77	85	85	85	87

续表

国家	2003	2004	2005	2006	2007	2008	2009	2010	2011	2012	2013	2014	2015
越南	32	34	36	34	33	35	39	44	38	36	31	40	42
赞比亚	26	40	41	43	44	46	37	40	43	44	38	47	49
智利	65	72	75	73	74	75	74	79	69	72	73	74	74

数据来源：笔者根据因子分析法计算得到。

附表3 经济风险测度结果

国家	2003	2004	2005	2006	2007	2008	2009	2010	2011	2012	2013	2014	2015
阿尔巴尼亚	62	43	67	54	59	77	88	82	40	83	65	58	70
阿尔及利亚	59	45	71	59	52	69	71	63	47	67	36	40	34
阿根廷	42	60	65	60	48	62	56	53	42	43	39	13	31
阿塞拜疆	100	36	95	39	100	84	74	75	22	79	64	55	56
埃及	46	40	59	51	48	72	75	66	43	64	42	34	42
埃塞俄比亚	44	46	56	51	52	63	64	50	38	56	26	32	33
爱尔兰	82	82	88	85	79	80	96	90	47	83	82	100	100
爱沙尼亚	85	76	89	79	77	74	76	79	50	84	85	73	73
奥地利	68	61	69	69	66	79	81	83	48	71	65	67	75
澳大利亚	73	60	69	68	63	82	92	90	42	84	69	70	78
巴基斯坦	50	32	53	43	43	58	68	56	41	60	35	38	42
巴林	83	70	95	78	78	87	91	80	37	98	75	75	65
巴西	53	51	66	60	49	68	70	65	41	61	45	35	42
白俄罗斯	40	31	51	32	42	63	59	54	43	63	39	20	26
保加利亚	63	47	73	57	60	76	79	73	44	83	66	64	68
比利时	76	70	69	74	70	83	86	88	48	72	65	70	78

续表

国家	2003	2004	2005	2006	2007	2008	2009	2010	2011	2012	2013	2014	2015
波兰	64	57	72	63	62	79	86	83	44	79	64	64	73
玻利维亚	66	60	76	72	56	78	79	65	43	71	45	42	42
博茨瓦纳	71	60	82	69	68	73	66	68	42	76	69	66	53
丹麦	70	72	72	77	65	79	83	89	51	73	71	78	85
德国	67	60	70	69	66	78	82	85	48	79	74	71	78
俄罗斯	58	38	63	49	45	60	55	52	36	61	47	38	35
厄瓜多尔	47	34	55	41	45	66	66	49	40	56	34	33	31
法国	64	53	61	62	54	73	74	78	46	66	56	60	68
菲律宾	67	47	63	56	54	68	75	67	44	73	49	56	57
芬兰	71	66	73	74	71	81	81	82	47	78	71	67	73
佛得角	59	50	71	56	58	64	64	63	49	67	57	48	66
刚果	50	35	64	47	30	61	59	54	38	57	41	50	39
刚果（金）	41	24	41	30	33	56	56	48	38	47	26	33	36
格鲁吉亚	67	40	64	48	64	65	68	67	59	76	64	63	63
圭亚那	56	53	55	59	55	60	65	59	38	61	40	47	49
哈萨克斯坦	59	36	64	44	54	72	74	66	44	74	50	51	47
韩国	57	51	64	60	55	71	79	71	44	69	56	60	66

续表

国家	2003	2004	2005	2006	2007	2008	2009	2010	2011	2012	2013	2014	2015
荷兰	73	77	77	80	75	87	92	92	56	81	91	84	86
吉尔吉斯斯坦	59	46	57	54	62	72	77	57	46	65	49	43	47
加拿大	72	63	76	71	63	80	88	82	47	87	70	70	70
加纳	55	42	55	49	46	69	76	67	50	70	52	42	51
加蓬	47	37	64	51	54	60	64	63	39	65	47	51	49
捷克	74	66	83	73	72	81	85	82	47	85	72	73	75
津巴布韦	1	1	1	1	1	1	1	1	100	1	1	3	16
科威特	70	77	100	83	75	80	80	71	1	88	73	54	47
克罗地亚	66	41	60	51	56	72	72	73	45	76	62	60	65
肯尼亚	57	40	66	53	54	64	73	63	42	64	40	46	44
拉脱维亚	78	61	82	68	68	68	66	68	51	79	76	59	72
老挝	45	13	46	24	45	66	71	63	41	64	34	43	39
黎巴嫩	63	56	74	63	79	87	88	81	45	75	61	41	56
立陶宛	77	70	86	76	78	80	75	75	58	88	83	74	74
卢森堡	82	100	97	100	93	86	100	100	37	100	100	100	98
马达加斯加	57	59	65	59	54	70	66	59	43	68	49	50	51
马耳他	77	89	95	84	78	100	78	97	45	87	58	63	70

续表

国家	2003	2004	2005	2006	2007	2008	2009	2010	2011	2012	2013	2014	2015
马来西亚	64	64	80	69	70	77	81	71	38	83	62	70	67
马里	58	46	64	52	46	66	73	62	38	57	44	42	51
马其顿	56	43	69	52	64	78	81	72	45	81	61	59	61
毛里求斯	54	45	62	54	62	74	83	73	46	85	61	64	63
美国	74	61	72	69	62	78	88	84	46	81	65	63	70
蒙古国	67	60	74	64	67	79	78	66	81	68	54	46	49
孟加拉国	50	16	52	33	27	52	59	55	41	56	31	41	43
秘鲁	62	51	75	63	65	80	84	79	44	80	59	53	61
缅甸	45	25	59	30	49	62	57	54	35	48	28	24	28
摩尔多瓦	59	47	63	52	48	67	64	57	51	65	54	47	46
摩洛哥	61	40	59	54	51	70	75	71	40	72	51	53	63
墨西哥	64	58	69	65	58	73	78	75	45	75	64	58	63
南非	68	47	65	58	54	71	73	68	44	70	51	54	55
尼泊尔	52	25	55	39	40	65	68	50	42	60	28	38	30
尼日利亚	51	85	66	81	62	58	73	61	43	64	36	37	32
挪威	64	57	70	66	59	74	82	83	56	77	66	70	74
葡萄牙	67	52	62	60	58	73	81	79	43	66	63	60	72

续表

国家	2003	2004	2005	2006	2007	2008	2009	2010	2011	2012	2013	2014	2015
日本	66	45	65	56	58	76	82	79	48	75	60	58	65
瑞典	73	71	70	76	63	76	79	87	49	73	75	71	82
瑞士	74	74	86	83	72	84	92	92	50	90	76	78	84
塞浦路斯	77	61	77	69	65	81	86	88	42	87	54	48	87
沙特阿拉伯	67	65	90	75	60	80	81	70	24	87	59	50	43
斯里兰卡	60	47	62	54	47	62	64	52	40	64	44	41	40
斯洛伐克	71	67	81	72	80	84	82	79	48	87	74	70	72
斯洛文尼亚	63	54	69	61	65	77	74	76	44	70	66	66	72
苏丹	52	14	46	26	40	57	53	44	39	45	24	15	19
塔吉克斯坦	55	31	50	37	44	64	66	52	41	68	35	43	35
泰国	69	54	67	63	56	65	74	68	43	73	58	49	53
坦桑尼亚	59	41	64	53	52	67	75	66	35	66	41	44	46
特立尼达和多巴哥	77	75	88	81	74	81	77	77	39	81	63	55	56
突尼斯	57	42	62	55	54	71	73	61	43	62	40	40	44
土耳其	42	53	55	51	52	67	70	69	54	69	59	49	60
委内瑞拉	26	60	60	58	47	52	39	30	37	37	22	1	9
文莱	68	66	86	78	66	78	90	81	36	90	69	60	56

续表

国家	2003	2004	2005	2006	2007	2008	2009	2010	2011	2012	2013	2014	2015
乌干达	60	54	71	64	61	79	83	71	35	69	50	40	54
乌克兰	55	56	64	60	54	63	51	47	46	53	49	26	35
乌拉圭	57	64	75	69	59	74	81	74	43	76	53	51	55
西班牙	73	55	65	62	59	75	80	82	45	70	62	63	75
希腊	68	45	55	53	49	66	71	69	45	60	58	45	61
新西兰	77	66	73	74	63	75	89	88	46	88	69	73	78
匈牙利	75	58	71	64	63	83	81	78	47	79	70	74	71
叙利亚	35	16	52	32	37	56	64	46	41	61	28	38	31
牙买加	73	51	63	61	52	68	74	67	44	70	54	55	55
亚美尼亚	71	73	89	78	73	79	63	62	64	76	70	57	64
也门	59	28	55	38	39	59	69	58	36	56	45	19	1
伊朗	49	20	46	27	38	50	52	37	42	35	23	6	7
以色列	59	61	68	66	63	77	86	85	46	76	62	64	73
意大利	66	55	63	63	54	71	76	79	45	65	61	58	70
印度	52	26	62	42	45	59	64	58	40	56	34	38	40
印度尼西亚	53	28	55	38	46	66	73	65	41	69	40	50	48
英国	78	62	75	71	65	78	82	83	46	71	65	66	72

续表

国家	2003	2004	2005	2006	2007	2008	2009	2010	2011	2012	2013	2014	2015
越南	58	29	62	40	45	65	69	57	44	72	45	51	50
赞比亚	60	30	52	38	47	66	74	71	44	67	51	47	51
智利	71	66	80	75	68	80	88	83	46	86	68	67	70

数据来源：笔者根据因子分析法计算得到。

附表 4　社会风险测度结果

国家	2003	2004	2005	2006	2007	2008	2009	2010	2011	2012	2013	2014	2015
阿尔巴尼亚	51	46	49	52	55	56	53	42	48	48	40	44	50
阿尔及利亚	33	37	46	47	48	48	43	37	37	37	33	38	42
阿根廷	42	43	51	52	54	52	48	40	45	44	37	41	46
阿塞拜疆	49	51	54	51	54	52	55	52	45	50	49	53	57
埃及	56	54	56	53	53	52	51	39	33	35	22	34	40
埃塞俄比亚	36	33	35	31	34	32	29	20	15	20	18	28	32
爱尔兰	94	94	95	97	96	96	88	82	78	78	78	86	88
爱沙尼亚	71	73	75	78	83	84	78	60	72	72	74	81	84
奥地利	93	91	91	91	90	94	95	98	97	94	93	93	93
澳大利亚	94	95	94	94	95	97	97	99	95	95	92	91	93
巴基斯坦	41	39	42	40	42	40	37	25	25	29	28	34	37
巴林	74	71	70	68	68	69	74	79	74	71	66	73	75
巴西	51	50	55	54	56	58	56	53	63	58	52	52	52
白俄罗斯	48	47	50	48	50	50	48	51	39	35	42	50	55
保加利亚	65	59	62	63	67	67	62	55	56	57	51	59	63
比利时	86	85	86	86	85	87	87	86	87	82	80	85	84

续表

国家	2003	2004	2005	2006	2007	2008	2009	2010	2011	2012	2013	2014	2015
波兰	65	59	64	64	67	71	70	66	68	68	64	68	72
玻利维亚	44	40	43	41	40	42	40	34	43	40	32	35	37
博茨瓦纳	60	58	65	63	65	66	63	52	60	56	53	56	59
丹麦	95	93	95	96	95	96	97	91	81	83	85	91	93
德国	79	78	82	82	84	86	86	82	81	82	83	85	87
俄罗斯	47	46	48	48	50	49	43	37	43	46	39	45	49
厄瓜多尔	38	38	43	39	42	39	35	32	40	39	37	42	42
法国	74	72	75	74	76	77	77	74	72	72	69	73	74
菲律宾	49	41	47	45	48	46	43	39	43	42	37	42	47
芬兰	85	85	89	90	89	90	90	86	89	87	83	87	89
佛得角	53	55	59	58	60	59	58	48	47	50	48	55	58
刚果	41	38	39	32	36	34	28	20	27	28	21	29	31
刚果（金）	26	21	18	18	25	23	19	9	13	18	12	17	21
格鲁吉亚	56	56	53	53	62	61	58	47	48	53	52	58	59
圭亚那	47	48	48	48	50	46	44	36	42	39	35	40	43
哈萨克斯坦	54	52	59	61	62	63	58	60	65	61	55	60	64
韩国	62	59	63	63	67	67	63	51	43	54	54	62	65

续表

国家	2003	2004	2005	2006	2007	2008	2009	2010	2011	2012	2013	2014	2015
荷兰	84	87	88	87	89	91	92	95	94	90	84	88	91
吉尔吉斯斯坦	52	51	49	49	51	49	44	37	43	48	43	48	52
加拿大	93	93	94	95	94	95	94	94	94	92	90	92	92
加纳	57	50	55	58	59	58	54	52	59	59	50	54	58
加蓬	53	51	56	50	49	49	45	30	35	38	32	38	42
捷克	77	75	76	78	78	79	78	77	77	77	76	81	85
津巴布韦	1	1	1	1	1	1	1	19	24	26	19	24	29
科威特	77	74	77	76	76	76	75	78	67	65	63	69	70
克罗地亚	55	55	60	59	62	63	62	53	58	53	46	53	57
肯尼亚	47	45	47	45	45	43	38	28	29	32	28	37	41
拉脱维亚	69	68	72	75	75	77	67	54	62	62	65	69	71
老挝	44	43	44	43	48	44	41	41	42	44	38	45	49
黎巴嫩	48	48	50	48	49	48	45	37	29	38	31	41	45
立陶宛	65	66	69	71	73	74	67	53	63	65	65	69	72
卢森堡	88	87	90	90	89	91	92	90	91	89	87	90	90
马达加斯加	45	44	49	49	51	50	45	37	44	43	36	43	48
马耳他	83	83	88	89	87	90	89	86	86	82	81	82	84

附录　国家风险及其子风险测度结果　/　205

续表

国家	2003	2004	2005	2006	2007	2008	2009	2010	2011	2012	2013	2014	2015
马来西亚	75	74	76	76	77	76	75	78	78	77	74	77	79
马里	58	51	47	47	47	45	41	41	43	36	28	38	37
马其顿	48	46	47	45	51	52	49	31	31	38	36	43	47
毛里求斯	69	68	70	68	69	70	68	63	57	62	62	67	68
美国	88	91	91	94	92	94	93	87	85	90	87	88	91
蒙古国	59	56	57	55	58	57	54	51	60	54	50	52	57
孟加拉国	37	32	36	34	38	37	34	25	26	30	24	31	37
秘鲁	52	51	48	47	51	50	46	48	51	54	48	50	53
缅甸	31	28	28	28	30	30	23	16	18	29	23	37	41
摩尔多瓦	52	50	56	55	58	57	50	40	48	50	44	51	52
摩洛哥	45	45	50	45	45	47	46	38	38	40	34	43	46
墨西哥	63	63	66	66	68	64	57	54	62	58	52	58	62
南非	39	42	48	47	51	51	46	32	47	39	33	36	39
尼泊尔	48	48	48	49	51	50	47	41	42	46	41	46	50
尼日利亚	37	34	36	36	41	39	35	28	33	33	24	32	39
挪威	87	89	91	92	91	94	94	94	93	92	90	92	93
葡萄牙	73	69	72	71	71	72	71	61	55	54	51	63	67

续表

国家	2003	2004	2005	2006	2007	2008	2009	2010	2011	2012	2013	2014	2015
日本	83	84	86	88	86	85	86	87	78	82	84	86	90
瑞典	89	89	92	92	91	94	92	89	87	86	85	88	90
瑞士	97	97	98	98	97	100	99	100	100	100	100	100	99
塞浦路斯	83	85	88	90	89	91	91	84	79	72	63	75	76
沙特阿拉伯	61	58	64	63	65	64	63	57	51	55	53	59	61
斯里兰卡	55	48	50	51	54	52	51	52	54	51	46	48	51
斯洛伐克	67	66	72	74	76	79	74	64	69	65	64	66	70
斯洛文尼亚	70	69	71	72	72	72	74	69	73	70	60	71	74
苏丹	27	24	28	26	27	25	19	1	1	1	1	6	16
塔吉克斯坦	44	43	47	44	47	46	41	29	30	35	31	35	40
泰国	69	62	63	62	62	63	60	58	55	60	56	59	61
坦桑尼亚	46	41	45	41	45	44	40	39	45	41	36	44	48
特立尼达和多巴哥	60	63	65	64	64	61	55	53	69	60	55	58	60
突尼斯	59	59	62	63	64	64	62	54	47	49	41	52	54
土耳其	51	53	58	53	56	56	53	37	39	45	43	49	51
委内瑞拉	18	20	30	28	33	26	19	2	28	17	6	1	1
文莱	82	80	81	82	82	83	82	88	88	85	78	80	82

续表

国家	2003	2004	2005	2006	2007	2008	2009	2010	2011	2012	2013	2014	2015
乌干达	53	48	45	45	48	45	41	39	33	38	35	43	45
乌克兰	50	49	55	55	58	58	48	42	51	53	46	47	45
乌拉圭	65	63	69	68	69	69	67	68	72	69	66	65	66
西班牙	73	71	74	77	75	75	69	51	48	48	45	57	61
希腊	68	66	68	68	69	69	65	54	47	41	32	46	50
新西兰	100	100	100	100	100	100	100	99	98	98	96	99	100
匈牙利	79	77	79	79	78	80	78	69	72	70	66	73	75
叙利亚	51	45	50	46	48	45	45	35	18	12	9	26	29
牙买加	50	42	48	53	54	54	44	41	66	52	39	48	49
亚美尼亚	51	50	51	49	53	51	47	33	34	41	39	43	43
也门	42	39	42	42	45	42	35	15	12	16	12	25	29
伊朗	37	40	46	40	41	38	35	18	15	20	19	28	36
以色列	63	65	70	69	69	70	70	61	53	65	66	68	72
意大利	73	70	75	71	74	73	70	67	65	61	58	62	66
印度	53	52	55	55	56	54	52	42	43	48	45	52	52
印度尼西亚	43	40	45	50	53	51	48	44	48	48	43	47	51
英国	88	89	89	89	89	88	87	79	73	78	79	85	87

续表

国家	2003	2004	2005	2006	2007	2008	2009	2010	2011	2012	2013	2014	2015
越南	56	51	54	54	58	55	51	51	58	56	48	57	59
赞比亚	44	45	48	47	48	48	43	33	40	45	39	42	45
智利	79	80	83	82	81	81	77	71	65	70	72	76	78

数据来源：笔者根据因子分析法计算得到。

附表 5　对华风险测度结果

国家	2003	2004	2005	2006	2007	2008	2009	2010	2011	2012	2013	2014	2015
阿尔巴尼亚	79	80	83	17	74	75	75	73	73	73	73	73	74
阿尔及利亚	37	37	41	48	41	40	44	44	44	45	45	45	45
阿根廷	49	48	54	28	51	50	51	52	35	34	34	35	36
阿塞拜疆	36	36	36	5	34	34	36	35	24	24	23	22	22
埃及	56	57	60	58	63	63	65	66	67	68	68	69	70
埃塞俄比亚	26	27	30	31	31	31	34	35	35	37	37	40	40
爱尔兰	21	20	29	34	26	25	27	28	28	27	27	27	27
爱沙尼亚	27	28	27	26	30	28	29	30	31	32	31	31	30
奥地利	64	64	63	77	71	72	75	76	70	71	70	69	68
澳大利亚	70	70	70	92	81	81	85	88	78	79	78	78	78
巴基斯坦	87	87	89	68	91	90	93	94	92	93	93	93	95
巴林	18	18	18	19	19	18	19	21	21	22	21	21	19
巴西	37	37	43	36	42	42	44	46	47	46	46	46	45
白俄罗斯	57	57	56	36	60	59	61	62	61	61	61	61	61
保加利亚	67	67	67	80	73	73	73	75	76	78	78	78	78
比利时	73	72	72	87	82	82	84	87	79	79	79	80	79

续表

国家	2003	2004	2005	2006	2007	2008	2009	2010	2011	2012	2013	2014	2015
波兰	88	88	87	75	93	94	96	97	96	96	96	97	98
玻利维亚	49	51	48	13	47	49	48	48	48	49	48	49	50
博茨瓦纳	1	1	4	13	1	1	1	3	6	3	2	2	1
丹麦	78	79	79	99	87	88	90	92	93	93	93	93	94
德国	79	79	80	97	91	92	95	98	98	98	98	98	98
俄罗斯	66	66	54	60	77	78	81	84	86	86	87	88	88
厄瓜多尔	43	44	46	13	44	46	47	46	47	48	48	49	50
法国	80	80	80	100	92	92	95	98	98	98	98	98	98
菲律宾	54	54	28	21	60	59	61	62	61	62	62	63	63
芬兰	80	80	80	100	90	89	91	94	93	94	94	93	93
佛得角	9	9	8	9	7	4	8	7	8	8	8	7	5
刚果	27	27	34	37	31	31	31	33	34	34	34	34	32
刚果（金）	16	17	21	26	17	19	20	22	22	22	21	22	21
格鲁吉亚	36	37	42	8	36	36	36	36	38	39	39	39	38
圭亚那	19	18	46	1	15	13	14	13	14	15	14	14	14
哈萨克斯坦	53	53	48	34	60	59	61	63	62	62	63	62	61
韩国	52	52	43	58	64	64	67	70	70	71	71	71	72

附录　国家风险及其子风险测度结果　/　211

续表

国家	2003	2004	2005	2006	2007	2008	2009	2010	2011	2012	2013	2014	2015
荷兰	72	71	65	80	82	82	85	88	88	87	88	88	88
吉尔吉斯斯坦	41	42	41	30	48	50	50	49	48	49	48	49	48
加拿大	44	44	49	72	55	55	59	62	63	64	64	65	65
加纳	35	35	18	41	37	36	38	38	40	41	40	40	41
加蓬	33	33	45	39	36	36	35	36	34	34	34	35	35
捷克	69	69	70	89	78	79	82	84	84	84	84	85	85
津巴布韦	22	32	41	37	24	22	24	26	27	28	29	30	30
科威特	59	58	50	58	63	64	65	67	67	67	67	66	66
克罗地亚	48	50	40	27	53	52	52	52	51	51	51	49	50
肯尼亚	7	7	17	17	9	8	11	12	13	14	14	16	17
拉脱维亚	11	11	18	19	14	12	13	15	15	15	15	15	13
老挝	60	60	64	35	58	59	62	63	62	63	65	66	65
黎巴嫩	20	19	18	21	17	16	17	18	16	17	17	17	16
立陶宛	49	49	53	21	49	49	49	49	49	50	50	49	48
卢森堡	52	53	48	56	57	57	59	55	56	56	56	55	56
马达加斯加	5	4	1	7	2	2	2	1	1	1	1	1	1
马耳他	32	33	38	34	36	37	40	42	44	44	44	45	44

续表

国家	2003	2004	2005	2006	2007	2008	2009	2010	2011	2012	2013	2014	2015
马来西亚	71	71	41	52	80	80	84	86	85	86	86	86	86
马里	9	10	20	17	9	8	10	11	12	14	12	11	11
马其顿	36	36	37	5	33	32	32	33	34	34	32	32	33
毛里求斯	42	42	34	41	44	44	45	47	48	49	48	49	50
美国	46	44	33	58	55	54	58	61	61	61	60	61	60
蒙古国	78	79	76	58	82	82	84	86	86	87	86	87	86
孟加拉国	34	33	39	6	31	30	32	32	31	31	30	32	32
秘鲁	32	32	44	23	33	32	34	34	34	34	33	33	33
缅甸	55	55	59	45	57	57	60	61	62	62	64	68	66
摩尔多瓦	39	40	42	7	36	36	36	35	34	36	34	34	34
摩洛哥	44	45	38	52	49	49	52	52	53	54	54	54	54
墨西哥	30	29	28	21	33	32	34	36	37	37	36	38	37
南非	34	29	27	24	42	42	45	48	50	51	51	52	51
尼泊尔	30	30	8	2	31	29	31	33	34	36	36	36	32
尼日利亚	35	35	30	28	39	40	42	43	44	45	45	47	46
挪威	75	75	65	88	81	80	84	85	85	85	84	84	84
葡萄牙	43	43	39	47	49	49	51	53	53	53	53	54	54

续表

国家	2003	2004	2005	2006	2007	2008	2009	2010	2011	2012	2013	2014	2015
日本	76	75	67	95	86	85	89	92	91	91	90	90	90
瑞典	84	84	69	93	94	94	97	99	99	100	100	100	100
瑞士	77	77	79	99	87	88	91	95	96	96	99	98	99
塞浦路斯	54	54	55	34	57	57	59	59	58	58	57	57	56
沙特阿拉伯	26	25	17	22	30	30	32	33	34	34	34	34	33
斯里兰卡	53	54	47	57	57	56	59	60	60	61	61	62	63
斯洛伐克	100	100	100	41	100	100	100	100	100	100	100	99	100
斯洛文尼亚	49	49	55	31	51	50	51	53	52	52	52	52	53
苏丹	59	59	54	37	62	63	64	65	66	56	57	58	60
塔吉克斯坦	35	36	36	7	38	39	41	40	40	40	40	41	40
泰国	77	77	63	62	86	85	88	90	90	90	90	90	91
坦桑尼亚	13	13	17	4	13	12	14	15	15	15	16	18	18
特立尼达和多巴哥	26	27	32	20	28	28	29	29	31	30	30	30	30
突尼斯	33	33	45	37	35	36	38	39	40	41	40	41	41
土耳其	71	71	53	32	76	75	77	78	79	79	79	80	80
委内瑞拉	19	18	11	21	25	24	26	28	29	30	29	29	27
文莱	13	11	13	2	9	6	9	12	12	12	11	12	10

续表

国家	2003	2004	2005	2006	2007	2008	2009	2010	2011	2012	2013	2014	2015
乌干达	7	7	21	29	5	3	5	5	7	8	7	8	7
乌克兰	52	52	46	37	58	58	59	61	60	61	61	60	60
乌拉圭	34	34	55	12	31	31	32	32	31	31	31	31	30
西班牙	58	58	60	75	70	70	72	75	75	74	74	75	75
希腊	46	46	29	60	54	54	57	59	58	58	58	59	59
新西兰	66	65	65	86	73	72	75	77	77	78	79	79	78
匈牙利	83	83	90	74	88	89	91	92	92	92	91	92	93
叙利亚	37	37	17	37	43	43	45	47	45	43	41	43	43
牙买加	52	52	55	30	49	48	48	48	48	51	49	49	50
亚美尼亚	42	44	39	14	42	40	42	42	45	46	41	39	35
也门	29	23	37	43	29	28	29	30	30	31	30	30	26
伊朗	55	55	54	35	61	61	63	65	65	64	65	66	66
以色列	42	42	47	50	49	49	52	54	54	55	55	55	56
意大利	74	73	61	91	85	85	88	91	90	90	90	90	90
印度	47	46	50	69	55	56	59	62	62	62	62	63	63
印度尼西亚	61	61	68	62	68	68	71	73	74	74	74	75	75
英国	80	79	61	84	90	89	93	95	94	95	95	95	96

续表

国家	2003	2004	2005	2006	2007	2008	2009	2010	2011	2012	2013	2014	2015
越南	74	74	59	43	79	79	82	83	83	84	85	86	88
赞比亚	9	8	14	21	8	7	11	13	13	13	12	13	9
智利	52	53	60	26	58	58	60	61	61	62	62	63	63

数据来源：笔者根据因子分析法计算得到。

参考文献

一 中文论著

曹荣湘:《国家风险与主权评级:全球资本市场的评估与准入》,《经济社会体制比较》2003年第5期。

崔岩、于津平:《"一带一路"国家基础设施质量与中国对外直接投资——基于面板门槛模型的研究》,《世界经济与政治论坛》2017年第5期。

戴翔、郑岚:《自然人移动对双边贸易的影响——以美国为例》,《世界经济研究》2008年第2期。

范体军、张莉莉、常香云等:《我国海外石油开发利用的国家风险评估》,《管理学报》2011年第6期。

范兆斌、杨俊:《海外移民网络、交易成本与外向型直接投资》,《财贸经济》2015年第4期。

方旖旎:《"一带一路"战略下中国企业对海外直接投资国的风险评估》,《现代经济探讨》2016年第1期。

郭烨、许陈生:《双边高层会晤与中国在"一带一路"沿线国家的直接投资》,《国际贸易问题》2016年第2期。

胡兵、李柯:《国家经济风险对中国OFDI的影响——以东道国经济发展水平为门槛变量的实证分析》,《广西财经学院学报》2012年第6期。

姜建刚、王柳娟:《经济制度与OFDI的关系研究》,《世界经济研究》2014年第1期。

蒋冠宏、蒋殿春：《中国对外投资的区位选择：基于投资引力模型的面板数据检验》，《世界经济》2012年第9期。

李克强：《在改革开放进程中深入实施扩大内需战略》，《求是》2012年第4期。

李平、初晓、于国才：《中国OFDI汇率风险研究：基于预期风险与实际波动风险的视角》，《世界经济研究》2017年第12期。

刘希、王永红、吴宋：《政治互动、文化交流与中国OFDI区位选择——来自国事访问和孔子学院的证据》，《中国经济问题》2017年第4期。

卢洪雨、张建兵：《我国对外贸易结构对OFDI影响的研究——基于动态面板模型的实证分析》，《国际商务研究》2013年第2期。

孟醒、董有德：《社会政治风险与我国企业对外直接投资的区位选择》，《国际贸易问题》2015年第4期。

邱立成、刘奎宁、王自锋：《东道国城镇化与中国对外直接投资》，《国际贸易问题》2016年第4期。

沈军、包小玲：《中国对非洲直接投资的影响因素——基于金融发展与国家风险因素的实证研究》，《国际金融研究》2013年第9期。

沈铭辉、张中元：《中国企业海外投资的企业社会责任——基于案例分析的研究》，《中国社会科学院研究生院学报》2016年第2期。

孙晓蕾、姚晓阳、杨玉英等：《国家风险动态性的多尺度特征提取与识别：以OPEC国家为例》，《中国管理科学》2015年第4期。

万良勇：《法治环境与企业投资效率——基于中国上市公司的实证研究》，《金融研究》2013年第12期。

王凤彬、杨阳：《我国企业FDI路径选择与"差异化的同时并进"模式》，《中国工业经济》2010年第2期。

王海军、高明：《国家经济风险与中国企业对外直接投资：基于结构效应的实证分析》，《经济体制改革》2012年第2期。

王海军：《政治风险与中国企业对外直接投资——基于东道国与母国两个维度的实证分析》，《财贸研究》2012年第1期。

王海军：《中国企业对外直接投资的国家经济风险》，中国经济出版社2014年版。

王辉耀、孙玉红、苗绿：《中国企业国际化报告（2014）》，社会科学文献出版社2014年版。

王胜、田涛：《中国对外直接投资区位选择的影响因素研究——基于国别差异的视角》，《世界经济研究》2013年第12期。

王稳、张阳、石腾超等：《国家风险分析框架重塑与评级研究》，《国际金融研究》2017年第10期。

王永钦、杜巨澜、王凯：《中国对外直接投资区位选择的决定因素：制度、税负和资源禀赋》，《经济研究》2014年第12期。

魏景赋、钱晨曦：《中欧双边政治关系对中国OFDI的影响研究》，《深圳大学学报》（人文社会科学版）2016年第3期。

吴白乙、史沛然：《社会安全与贸易投资环境：现有研究与新可能性》，《国际经济评论》2015年第3期。

吴先明、黄春桃：《中国企业对外直接投资的动因：逆向投资与顺向投资的比较研究》，《中国工业经济》2016年第1期。

武娜、刘晶：《知识产权保护影响了中国对外直接投资吗？》，《世界经济研究》2013年第10期。

项本武：《东道国特征与中国对外直接投资的实证研究》，《数量经济技术经济研究》2009年第7期。

许和连、李丽华：《文化差异对中国对外直接投资区位选择的影响分析》，《统计与决策》2011年第17期。

许真：《政府治理能力、融资障碍与OFDI——基于新兴经济体11国的实证分析》，《经济问题》2017年第7期。

阎大颖:《国际经验、文化距离与中国企业海外并购的经营绩效》,《经济评论》2009 年第 1 期。

阎大颖:《中国企业对外直接投资的区位选择及其决定因素》,《国际贸易问题》2013 年第 7 期。

杨傲然:《东道国金融发展水平对 FDI 流入量的影响机制研究》,《特区经济》2014 年第 10 期。

杨杰、祝波:《发展中国家对外直接投资理论的形成与演进》,《上海经济研究》2007 年第 9 期。

杨连星、刘晓光、张杰:《双边政治关系如何影响对外直接投资——基于二元边际和投资成败视角》,《中国工业经济》2016 年第 11 期。

易波、李玉洁:《双边投资协定和中国对外直接投资区位选择》,《统计与决策》2012 年第 4 期。

余官胜:《东道国经济风险与我国企业对外直接投资二元增长区位选择——基于面板数据门槛效应模型的研究》,《中央财经大学学报》2017 年第 6 期。

余官胜:《民营企业是对外直接投资的风险规避者吗——基于温州民营企业数据的实证研究》,《国际经贸探索》2017 年第 1 期。

张建红、姜建刚:《双边政治关系对中国对外直接投资的影响研究》,《世界经济与政治》2012 年第 12 期。

张锐连、施国庆:《"一带一路"倡议下海外投资社会风险管控研究》,《理论月刊》2017 年第 2 期。

张瑞良:《中国对"一带一路"沿线国家 OFDI 区位选择研究——基于制度距离视角》,《山西财经大学学报》2018 年第 3 期。

赵伯乐、杨焰婵:《宗教政治化对南亚地区政治的影响》,《世界历史》2012 年第 4 期。

赵德森:《中国对东盟投资项目风险生成及防控机制——基于东道国利益相关者的分析》,《经济问题探索》2016 年第 7 期。

赵明亮:《国际投资风险因素是否影响中国在"一带一路"国家的OFDI——基于扩展投资引力模型的实证检验》,《国际经贸探索》2017年第2期。

中国出口信用保险公司:《国家风险分析报告 2016》,中国金融出版社 2016 年版。

中国社会科学院世界经济与政治研究所:《中国海外投资国家风险评级报告 (2017)》,中国社会科学出版社 2017 年版。

周超、刘夏、辜转:《营商环境与中国对外直接投资——基于投资动机的视角》,《国际贸易问题》2017 年第 10 期。

周伟、陈昭、吴先明:《中国在"一带一路"OFDI 的国家风险研究:基于 39 个沿线东道国的量化评价》,《世界经济研究》2017 年第 8 期。

邹一南、赵俊豪:《中国经济发展方式转变指标体系的构建与测度》,《统计与决策》2017 年第 23 期。

二 英文论著

Aliber R. Z., "A Theory of Direct Foreign Investment", *The International Corporation*, MA: MIT Press, 1970.

Autio E. Creative Tension, "The Significance of Ben Oviatt's and Patricia McDougall's Article 'Toward a Theory of International New Ventures'", *Journal of International Business Studies*, Vol. 36, No. 1, 2005.

Becker S. O., Egger P. H., Merlo V., "How Low Business Tax Rates Attract MNE Activity: Municipality-level Evidence from Germany", *Journal of Public Economics*, Vol. 96, No. 9 – 10, 2012.

Blomkvist K., Drogendijk R., "The Impact of Psychic Distance on Chinese Outward Foreign Direct Investments", *Management International Review*, Vol. 53, No. 5, 2013.

Bouchet M. H., Clark E., Groslambert B., "Country Risk Assessment: A Guide to Global Investment Strategy", *International Industrial Marketing*, Vol. 10, No. 2, 2003.

Buckley P., Casson M., *The Future of the Multinational Enterprise*, London: Macmillan, 1976.

Buckley P. J., Clegg L. J., Cross A. R., et al., "The Determinants of Chinese Outward Foreign Direct Investment", *Journal of International Business Studies*, Vol. 38, No. 4, 2007.

Buckley P. J., Forsans N., Munjal S., "Host-Home Country Linkages and Host-Home Country Specific Advantages as Determinants of Foreign Acquisitions by Indian Firms", *International Business Review*, Vol. 21, No. 5, 2014.

Buckley P. J., Yu P., Liu Q., et al., "The Institutional Influence on the Location Strategies of Multinational Enterprises from Emerging Economies: Evidence from China's Cross-border Mergers and Acquisitions", *Management and Organization Review*, Vol. 12, No. 3, 2016.

Busse M., "Transnational Corporations and Repression of Political Rights and Civil Liberties: An Empirical Analysis", *Kyklos*, Vol. 57, No. 1, 2004.

Campa J. M., "Entry by Foreign Firms in the United States Under Exchange Rate Uncertainty", *Review of Economics & Statistics*, Vol. 75, No. 4, 1993.

Cantor R., Packer F., "Determinants and Impact of Sovereign Credit Ratings", *Economic Policy Review*, Vol. 2, No. 10, 1996.

Cheung Y. W., Qian X., "Empirics of China's Outward Direct Investment", *Pacific Economic Review*, Vol. 14, No. 3, 2009.

Contractor F. J., Kundu S. K., "Modal Choice in a World of Alliances:

Analyzing Organizational Forms in the International Hotel Sector", *Journal of International Business Studies*, Vol. 29, No. 2, 1998.

Credits E., "Arrangement on Officially Supported Export Credits", *Oecd Papers*, 2004.

Cui L., Jiang F., "State Ownership Effect on Firms' FDI Ownership Decisions under Institutional Pressure: A Study of Chinese Outward-investing Firms", *Journal of International Business Studies*, Vol. 43, No. 3, 2012.

Damodaran A., "Country Risk: Determinants, Measures and Implications – The 2015 Edition", *Social Science Electronic Publishing*, 2015.

Deng P., "Outward Investment by Chinese MNCs: Motivations and Implications", *Business Horizons*, Vol. 47, No. 3, 2004.

Deng, P., "Foreign Direct Investment by Transnational from Emerging Countries: The Case of China", *Journal of Leadership and Organizational Studies*, Vol. 10, No. 2, 2003.

Desbordes R., Wei S. J., "The Effects of Financial Development on Foreign Direct Investment", *Journal of Development Economics*, Vol. 27, 2017.

Donaldson T., Preston L. E., "The Stakeholder Theory of the Corporation: Concepts, Evidence, and Implications", *Academy of management Review*, Vol. 20, No. 1, 1995.

Dunning J. H., *International Production and the Multinational Enterprise*, London: Allen & Unwin, 1981.

Dunning J. H., Lundan S. M. *Multinational Enterprises and the Global Economy*, 2nd Revised Edition. Chehenham: Edward Elgar Publishing, 2008.

Dunning J. H., Trade, *Location of Economic Activity and the MNE: A*

Search for A Eclectic Approach, London: Palgrave Macmillan, 1977.

Egger P., Pfaffermayr M., "The Impact of Bilateral Investment Treaties on Foreign Direct Investment", *Journal of Comparative Economics*, Vol. 32, No. 4, 2004.

Evans J., Mavondo F. T., "Psychic Distance and Organizational Performance: An Empirical Examination of International Retailing Operations", *Journal of International Business Studies*, Vol. 33, No. 3, 2002.

Flandreau M., Gaillard N., Packer F., "To Err is Human: US Rating Agencies and the Interwar Foreign Government Debt Crisis", *Social Science Electronic Publishing*, Vol. 15, No. 3, 2011.

Galan J. I., Gonzalez-Benito J., Zuñiga-Vincente J. A., "Factors Determining the Location Decisions of Spanish MNEs: An Analysis Based on the Investment Development Path", *Journal of International Business Studies*, Vol. 38, No. 6, 2007.

García-Canal E., Guillén M. F., "Risk and the Strategy of Foreign Location Choice in Regulated Industries", *Strategic Management Journal*, Vol. 29, No. 10, 2008.

Ghemawat P. Distance still matters, "The Hard Reality of Global Expansion", *Harvard Business Review*, Vol. 79, No. 8, 2001.

Globerman S., Shapiro D., "Governance Infrastructure and US Foreign Direct Investment", *Journal of International Business Studies*, Vol. 34, No. 1, 2003.

Hadjikhani A., "The Competitive Behaviour of MNCs in the Socio-political Market", *International Journal of Business Environment*, Vol. 1, No. 1, 2006.

Hansen B. E., "Threshold Effects in Non-dynamic Panels: Estimation, Testing, and Inference", *Journal of Econometrics*, Vol. 93, No. 2,

1999.

Hope O. K., Thomas W, Vyas D., "The Cost of Pride: Why do Firms from Developing Countries Bid Higher", *Journal of International Business Studies*, Vol. 42, No. 1, 2011.

Hymer S. H., *The International Operations of National Firms: A Study of Direct Foreign Investment*, Cambridge, MA: The MIT Press, 1976.

Johanson J., Vahlne J. E., "The Internationalization Process of the Firm—A Model of Knowledge Development and Increasing Foreign Market Commitments", *Journal of International Business Studies*, Vol. 8, No. 1, 1977.

Kang Y., Jiang F., "FDI Location Choice of Chinese Multinationals in East and Southeast Asia: Traditional Economic Factors and Institutional Perspective", *Journal of World Business*, Vol. 47, No. 1, 2012.

Kejžar K. Z., "The Role of Foreign Direct Investment in the Host-country Firm Selection Process: Firm-level Evidence from Slovenian Manufacturing", *Review of World Economics*, Vol. 147, No. 1, 2011.

Kis-Katos K., "On the Origin of Domestic and International Terrorism", *European Journal of Political Economy*, Vol. 27, No. 6, 2011.

Kogut B., Singh H., "The Effect of National Culture on the Choice of Entry Mode", *Journal of International Business Studies*, Vol. 19, No. 3, 1988.

Kolstad I., Wiig A., "What Determines Chinese Outward FDI?", *Journal of World Business*, Vol. 47, No. 1, 2012.

Kojima K., *Direct Foreign Investment: A Japanese Model of Multi-National Business Operations*, London: Croom Helm, 1978.

Kostova T., Roth K., "Adoption of An Organizational Practice by Subsidiaries of Multinational Corporations: Institutional and Relational Effects", *Academy of Management Journal*, Vol. 45, No. 1, 2002.

Lall S., Chen E., "The New Multinationals: The Spread of Third World Enterprises", *New Multinationals Spanish Firms in A Global Context*, 1983.

Lecraw D. J., "Outward Direct Investment by Indonesian Firms: Motivation and Effects", *Journal of International Business Studies*, Vol. 24, No. 3, 1993.

Liu H. Y., Deseatnicov I., "Exchange Rate and Chinese Outward FDI", *Applied Economics*, Vol. 48, No. 51, 2017.

Lu J., Liu X., Wang H., "Motives for Outward FDI of Chinese Private Firms: Firm Resources, Industry Dynamics, and Government Policies", *Management & Organization Review*, Vol. 7, No. 2, 2011.

Luo Y., Tung R. L., "International Expansion of Emerging Market Enterprises: A Springboard Perspective", *Journal of International Business Studies*, Vol. 38, No. 4, 2007.

Manova K., "Credit Constraints, Heterogeneous Firms, and international Trade", *The Review of Economic Studies*, Vol. 80, No. 2, 2013.

Mathews J. A., "Dragon Multinationals: New Players in 21st Century Globalization", *Asia Pacific Journal of Management*, Vol. 23, No. 1, 2006.

Medvedev D., "Beyond Trade: The Impact of Preferential Trade Agreements on FDI Inflows", *World Development*, Vol. 40, No. 1, 2012.

Meldrum D. H., "Country Risk and A Quick Look at Latin America: How to Analyze Exchange Risk, Economic Policy Risk and Institutional Risk", *Business Economics*, Vol. 34, No. 3, 1999.

Mezias S. J., Chen Y. R., Murphy P., et al., "National Cultural Distance as Liability of Foreignness: the Issue of Level of Analysis",

Journal of International Management, Vol. 8, No. 4, 2002.

Morck R., Yeung B., Zhao M., "Perspectives on China's Outward Foreign Direct Investment", *Journal of International Business Studies*, Vol. 39, No. 3, 2008.

Nagy P. J., "Quantifying Country Risk: A System Developed by Economists at the Bank of Montreal", *Columbia Journal of World Business*, Vol. 13, 1978.

Nagy P. J., *Country Risk: How to Assess, Quantify and Monitor It*, London: Euromoney Publications, 1979.

Nath H. K., "Country Risk Analysis: A Survey of the Quantitative Methods", Working Papers, Vol. LXII, No. 1, 2009.

Oral M., Kettani O., Cosset J. C., et al., "An Estimation Model for Country Risk Rating", *International Journal of Forecasting*, Vol. 8, No. 4, 1992.

Papadopoulos A. P., Zis G., "A Monetary Analysis of the Drachma/ECU Exchange Rate Determination, 1980 – 1991", Empirical Economics, Vol. 25, No. 4, 2000.

Peng M. W., "The Global Strategy of Emerging Multinationals from China", *Global Strategy Journal*, Vol. 2, No. 2, 2012.

Phillips R., "Stakeholder Legitimacy", *Business Ethics Quarterly*, Vol. 13, No. 1, 2003.

Porter M. E., *Competitive Advantage of Nations: Creating and Sustaining Superior Performance*, New York: Simon & Schuster, 2011.

Ramasamy B., Yeung M., Laforet S., "China's Outward Foreign Direct Investment: Location Choice and Firm Ownership", *Journal of World Business*, Vol. 47, No. 1, 2012.

Robock S. H., "Political Risk: Identification and Assessment", *Columbia Journal of World Business*, Vol. 6, No. 4, 1971.

Root F. R. , "The Expropriation Experience of American Companies: What Happened to 38 Companies", *Business Horizons*, Vol. 11, No. 2, 1968.

Schmidt C. W. , Broll U. , "Real Exchange-rate Uncertainty and US Foreign Direct Investment: An Empirical Analysis", *Review of World Economics*, Vol. 145, No. 3, 2009.

Seyoum, B. , "The Impact of Intellectual Property Rights on Foreign Direct Investment", *The Columbia Journal of World Business*, Spring, 1996.

Teece D. J. , "Transactions Cost Economics and the Multinational Enterprise An Assessment", *Journal of Economic Behavior & Organization*, Vol. 7, No. 1, 1986.

Thomas D. , Grosse R. , "Country-of-origin Determinants of Foreign Direct Investment in An Emerging Market: the Case of Mexico", *Journal of International Management*, 2001.

Vernon R. , "Sovereignty at bay: The Multinational Spread of U. S. Enterprises", *International Executive*, Vol. 13, No. 4, 2007.

Vernon R. , "International Investment and International Trade in the Product Cycle", *The Quarterly Journal of Economics*, Vol. 80, No. 2, 1966.

Wells L. T. , *Third World Multinationals*, Cambridge, MA: The MIT Press, 1983.

Yates J. F. , Stone E. R. , *Risk-taking Behavior*, Chichester: Wiley, 1992.

Yeung, H. W. , Liu, W. , "Globalizing China: The Rise of Mainland Firms in the Global Economy", *Eurasian Geography & Economics*, Vol. 49, No. 1, 2008.

Zhang J. , Zhou C. , Ebbers H. , "Completion of Chinese Overseas Acquisitions: Institutional Perspectives and Evidence", *International

Business Review, Vol. 20, No. 2, 2011.

Zhao S., "A Neo-Colonialist Predator or Development Partner? China's Engagement and Rebalance in Africa", *Journal of Contemporary China*, Vol. 23, No. 90, 2014.

后 记

改革开放的今天,中国已成为第二大对外投资国,对外直接投资在中国经济发展中占据着越来越重要的位置。关注和研究中国企业对外直接投资风险这一问题,并进行持续的思索与探究,是我近年来学术研究的重点。本书的完成与出版,是对我博士阶段研究工作的一个小结。当然,这并非结束,未来我还将对境外投资的风险管理问题展开更加深入的研究。

本书的出版,得益于众多师长同学的支持与帮助。谨向给予我关心、指导和帮助的老师和朋友致以深深的感谢和美好的祝愿。感谢我的博士导师秦德智教授,本书是在恩师的指导下完成的,选题、研究设计、修改完善等各个环节,秦老师都给予了无微不至的指导。同时,还要感谢田卫民教授、吕宛青教授、杨桂华教授、姚建文教授等诸位老师在我学习过程中给予我指导和启发,感谢秦超、邵慧敏、陈军、童露等同学和同事给予我的帮助和支持。

国家风险是企业对外直接投资过程中面临的重大风险,分为经济风险、政治风险、主权风险、汇率风险、地域风险等,其研究包含内涵演变、种类划分、对 OFDI 的影响、防范措施等多个方面。因作者知识背景、学术资质等多方面的限制,本书只是初步涉猎了这个研究领域中的一小部分问题。对于本书中的错误与不足之处，敬请各位读者不吝指教。

赵德森

2021年于云南大学东陆园